KB266846

현대 고전을
권함

현대 고전을 권함

문학의 위로와
비문학의 통찰로 읽는
고전의 이중주

류대성 지음

'어제'가 '오늘'에게

'인간 운전 금지법'이 통과될 날이 그리 멀지 않아 보입니다. AI를 넘어 AGI 시대가 다가오는데 우리는 여전히 "인간은 무엇으로 사는가?"라는 톨스토이의 질문에 답을 찾지 못하고 있습니다. 인공지능과 결합한 휴머노이드 로봇이 인간의 일을 대신하는 미래는 이제 시간문제일 뿐입니다. 공부와 진학, 노동과 산업, 진로와 직업, 결혼과 교육, 노년의 삶에 특이점이 다가오지만 내가 어떤 사람인지, 어떻게 살아야 하는지 정말 모르겠습니다. 타인과 세상을 이해하는 일은 더더욱 어렵습니다. 그래서 우리는 매일매일 서 있는 자리를 확인해야 합니다. 시간과 공간의 축이 만나는 좌표 지점에 '나'의 현존재가 놓여 있습니다. 과거를 지나왔고 곧 다가올 미래를 준비하면서 삶의 길을 묻습니다.

눈부신 속도로 과학기술이 발달하고 사회가 점점 빠르게 변해도 인간의 본성과 욕망은 크게 달라지지 않습니다. 세상이 돌아가는 원리와 방법도 좀체 변화가 없습니다. 그래서 여전히 책장을 넘기며 고민합니다. 그중에서도 시간을 견딘 인류의 지혜가 담긴 고전을 가려 읽는 방법은 가장 효율적이고 값진 경험입니다. 시류에 흔들리지 않고 나만의 안목과 통찰을 얻기에도 좋습니다. 유튜버가 요약한 영상을 보거나 명강의를 듣는 건 오래가지 않고 소화하기도 어렵습니다. 나만의 속도로 생각의 근육을 키우는 일, 그 누구도 아닌 내 삶의 질문을 던지며 사유의 길을 걷는 과정이 바로 고전 읽기의 본질이기 때문입니다.

각자의 질문에 대한 답은 스스로 찾아야 합니다. 모두에게 적용되는 정답이 있을 리 없습니다. 우리는 서로 다른 존재이기 때문입니다. 각자의 욕망, 삶의 목적에 따라 자신이 걸어야 할 궤적을 스스로 만들어 가야 합니다. 그 과정에서 고전은 든든한 멘토입니다. 나만의 인사이트, 내가 걸어갈 길에 관한 안내, 그 누구도 아닌 내 삶의 길잡이는 고전과의 대화를 통해 찾을 수 있습니다.

아주 오랫동안 읽고 쓰면서 사람 사는 세상의 이야기와 사람들의 고민이 현실과 맞닿는 지점을 살펴보니 대개 고전과 연결되어 있음을 깨달았습니다. 그래서 지금-여기 우리들의 고민과 문제 해결의 실마리를 살피기 위한 최적의 조언자로 오늘과 가까운 근대 이후의 '현대 고전'을 권합니다. 에릭 홉스봄의 말대로 '이중 혁명'의 시대인 18세기 말부터 19초까지 이어졌던 산업혁명과 세 차례의 프랑스혁명 이후 20세기에 이르는, 현대판 고전이라 할 수 있는 책을 골랐습니다. 이중 혁명을 통해 정치적으로 민주주의, 경제적으로 자본주의를 토대로 하는 현대사회의 윤곽이 드러나기 시작한 시기, 즉 우리가 사는 오늘의 문제가 직접 맞닿아 있는 이야기입니다. 선정한 책들을 '현대 고전'이라 이름 지었습니다.

인간의 삶은 타인과 세상을 관찰하고 부대끼는 과정의 연속입니다. 80억 명이 넘는 사람을 모두 만나 이야기를 듣고 그들의 삶을 관찰하는 건 불가능합니다. 더구나 지난 수천 년간 벌어진 인간의 삶을 구체적으로 알 수도 없습니다. 현재를 이해하고 미래를 준비하기 위해서는 과거를 살펴야 합니다. 그런 면에서 '문학 고전'은 인류가 걸어온 길을 확인하고 인간의 욕망을 이해하는 좋은 방법입니다. 스토리텔링의 재미와 교훈은 여전히 힘이 셉니다. 하지만 개연성 있는 허구라 할지라도 가공의 인물과 픽션의 세계는 한계가 있습니다. 역사적 사건과 당대 사회를 이해하고 인간의 구체적 행위와 그 결과를 파악하기 위해서는 논픽션 고전도 꼭 필요합니다.

이 책의 특징은 씨줄과 날줄처럼 얽힌 '문학과 비문학의 겹쳐 읽기'입니다. 인류가 반복하는 고민, 누군가 이미 마주했던 선택, 시간이 흘러도 변치 않는 인간의 욕망에 관한 경제, 사회, 심리, 과학, 예술 분야를 다루는 픽션의 주인공과 논픽션의 고민은 현실 속의 '나'와 연결되어 있습니다. 모든 책은 개별 독자와 만날 때 완전히 다른 빛깔과 향기를 냅니다. AI도 결국 이들의 지혜를 빌릴 수밖에 없습니다.

1부에서는 타인과의 관계, 사랑과 이별 그리고 무엇보다 '나'를 돌아보기 위한 시간입니다. 각각 '관계, 차별, 연애, 결혼, 이별, 외모, 가족, 자아'를 중심으로 고전을 통해 현실 속의 '나'를 살펴보세요. 2부에는 세상 이야기를 담았습니다. '자본주의'와 '민주주의' 그리고 '일과 예술'을 살핀 후에 '기후와 미래'를 고민합니다. 특히 자본주의는 공기와 같고 민주주의는 물처럼 소중합니다. 경제와 정치는 우리 모두 피할 수 없는 문제입니다. 세상이 작동하는 근본적인 원리이자 내 삶을 지배하는 구조라는 측면에서 아무리 강조해도 지나치지 않습니다. 각각 '소비, 편향, 자유, 불평등, 선거, 직업, 창조력, 예술, 환경, 미래'를 주제로 삶의 다양한 고민을 함께 살펴봅니다.

정현종 시인은 사람이 온다는 건 어마어마한 일이라고 말한 적이 있습니다. 왜냐하면 한 사람을 만난다는 건 그의 과거와 현재와 미래가 함께 오기 때문입니다. 단 한 권의 책이 한 사람의 인생을 뒤바꾸는 극적인 순간은 흔치 않습니다. 그러나 좋은 문학 고전과 생각의 변화를 촉발했던 비문학 고전이 만난다면 읽는 분들의 가슴에서 예상치 못한 화학작용을 일으킬지도 모릅니다. 거인의 어깨에 올라서지는 못해도 발치에서 서성이는 여유, 황혼 녘에 날개를 펴는 미네르바의 부엉이를 바라보기만 해도 좋은 시간입니다. 가장 느린 속도로 쓰이고 읽히지만 아주 오랫동안 내 곁에 머물 '고전'을 만나는 두근거리는 순간이길 바랍니다.

이 책이 꿈을 간직한 채 현실의 문제를 해결하며 살아가는 모든 '나'에게 성찰과 위로의 시간이 되었으면 좋겠습니다. 부디 '좋은 삶'을 위해 한발씩 나아가기를 진심으로 응원합니다.

차례

2부. 산책하며 바라보는 세상

4장. 우리는 왜 소비하며 존재할까

5장. 정치는 생각보다 내 삶과 가깝다

1부

낯설게
바라보는 나

1장

나는 나를
알고 있을까

생긴 대로 산다는 말

『도리언 그레이의 초상』

The picture of Dorian Gray (1890)

오스카 와일드
(Oscar Wilde, 1854-1900)

19세기 말 영국 문단을 뒤흔든 오스카 와일드는 아름다움을 최고의 가치로 여기는 탐미주의를 대표하는 작가이다. 뛰어난 글솜씨와 재치로 이름을 알린 그의 재능은 이 유일한 장편 소설에서 빛난다. 영원한 젊음을 얻는 대신 자신의 초상화가 늙고 추해지기를 바란 도리언 그레이의 선택은 인간의 숨겨진 욕망을 날카롭게 꼬집는다. 눈부신 겉모습 뒤에 감춰진 일그러진 영혼이 무너져 가는 과정을 통해 진정한 아름다움과 예술의 본질이 무엇인지 질문을 던진다.

『인지부조화 이론』

A Theory of Cognitive Dissonance (1957)

레온 페스팅거
(Leon Festinger, 1919-1989)

20세기 미국의 사회 심리학자 레온 페스팅거는 눈에 보이는 행동만 연구하던 당시의 흐름을 넘어 인간의 복잡한 내면에 주목했다. 이 책은 우리의 믿음과 실제 행동이 어긋날 때 느끼는 불편함, 즉 '인지부조화'라는 개념을 세상에 알렸다. 사람은 자기 생각과 행동이 다를 때 스트레스를 받고, 이를 피하려고 행동에 맞춰 생각을 슬쩍 바꾼다. 인간은 늘 합리적인 존재가 아니라 스스로 합리화하는 존재임을 짚어낸 이 통찰은 오늘날 우리 사회를 이해하는 중요한 열쇠가 되었다.

◐ 악마에게 영혼을 팔아서라도 젊음을 유지하고 싶은 욕망을 비난할 수 있을까? 흘러가는 시간 앞에서 사물은 낡고 사람은 늙는다. '탄생-성장-소멸'의 순환 과정을 거치는 자연도 시간을 거역하지 못한다. 삶이 언젠가 끝난다는 전제 앞에서 인간은 한없이 겸손해진다. 타오르다가 한순간 재가 되는 불꽃과 다를 바 없는 인생. 그중에도 찬란하게 빛나는 청춘은 들고양이처럼 재빠르게 지나가고 그 그림자는 오래도록 영혼에 그늘을 드리운다.[1] 초상화 속에서 영원을 꿈꾸는 도리언 그레이의 마음도 다르지 않다. 젊음을 박제하고 싶은 사람들의 꿈, 그 꿈을 실현하는 소설이 바로 오스카 와일드의 『도리언 그레이의 초상』이다.

19세기 영국은 산업혁명에 성공한 민주주의 국가로 대항해시대에 식민지를 확보하는 동시에 제국주의를 완성한다. 거대 자본의 축적, 과학 문명에 대한 낙관적 전망으로 근대적 합리주의와 이성적 사고가 자리 잡아가던 시절이었으나 보수주의와 엄숙주의 그리고 허영과 위선도 공존하던 시대였다. 이런 혼란스러운 시대를 살았던 오스카 와일드는 180cm가 넘는 훤칠한 키와 수려한 외모, 부유한 집안의 의사 아버지, 성공한 작가인 어머니, 옥스퍼드 대학 졸업 등 자부심을 가질만한 조건을 갖췄다. 그러나 16살 연하 알프레드 더글라스를 만나면서 수렁에 빠진다. 오스카 와일드는 알프레드 더글라스와의 동성애로 인해 법정에서 유죄판결을 받았다. 그 시절 동성애자라는 낙인은 상상할 수 없는 공포이자 주홍 글씨였다. 사후 출간된 옥중 고백록 『심연으로부터』를 통해 오스카 와일드가 겪은 심리적 고통을 짐작할 수 있다.

젊음은 한순간도 머물지 않는다

청춘은 아름답고 노인은 추악하다는 이분법적 편견이 현실에도 작동하는 경우가 많다. 순수, 도전, 용기, 꿈 등 젊음이 갖는 아름다운 속성뿐 아니라 건강하고 생기 있는 외모에 대한 찬탄 때문일 것이다. 소설의 주인공 도리언 그레이는 이 모든 아름다움을 잃고 싶지 않다는 불가능한 욕망을 초상화에 투사한다.

스무 살 때 우리 안에서 요동치던 환희의 박동이 시간이 지날수록 느려집니다. 수족은 늘어지고 감각은 무뎌집니다. 우리는 추한 꼭두각시 인형으로 퇴락해 그렇게 두려워했던 열정과 우리가 담대하게 응하지 못했던 멋진 유혹을 기억하며 안타까움에 몸부림치게 될 겁니다. 젊음! 청춘! 세상에는 젊음 이외는 단연

코 아무것도 없으니!

　　　　　　　　　　　　　　　— 『도리언 그레이의 초상』 중에서

　　우리는 자신의 스무 살을 기억한다. 길 가던 사람들도 뒤돌아보게 할 만큼 빼어난 외모가 아니라도 그 자체로 빛나던 청춘을. 오스카 와일드의 뛰어난 외모와 젊음에 대한 향수가 이 소설의 모티프가 되었음은 짐작하기 어렵지 않다. 그는 "도리언 그레이는 내가 되고 싶었던 존재이고, 헨리 워튼 경은 사람들이 생각하는 나 자신의 모습이며 바질 홀워드는 실제 나의 모습이다."라고 고백했다. 초상화를 그린 화가 바질 홀워드는 주인공 도리언 그레이의 악행이 거듭될수록 초상화가 추악한 모습으로 변하게 한다. '젊음은 네가 가진 유일하게 가치 있는 것'이라고 탐미주의와 쾌락주의의 길로 이끌며 도리언 그레이를 심리적으로 지배하는 우아한 악마 헨리 워튼 경은 작가의 페르소나가 투영된 인물이다. 아름다운 외모는 사진과 그림 속에 박제할 수 있으나 시간은 한순간도 머물지 않는다. 주인공 대신 그림 속의 도리언 그레이가 노쇠하고 추악한 모습으로 변해간다는 비현실적 설정은 영원한 젊음을 꿈꾸는 인간의 욕망이 얼마나 허망한 환상인지 확인시켜 주는 듯하다.

　　오스카 와일드가 남긴 유일한 장편 소설 『도리언 그레이의 초상』은 인지부조화를 겪었던 자신에 대한 성찰과 탐구로 가득하다. 오스카 와일드 혹은 도리언 그레이가 21세기를 살았다면 인플루언서가 되었을지 모를 일이다. 자기 정체성을 확인하고 내가 누구인지 말해주는 외모는 그 자체로 미추를 따질 수 없는 고유한 본성이다. 꾸준한 운동과 성형으로 가꾼 외모가 또 하나의 사회적 자아라는 사실 또한 부정할 수 없다. 남들이 부러워할 만한 눈부신 외모는 아무나 가질 수 없는 자산이기에 이를 바탕으로 직업을 선택하고 사업을 일구는 일을 비난할 수는 없다. 다만 이런 사람들과 자신을 비교하는 일은 스스로 초상화를 찌른 도리언 그레이처럼 자멸의 길을 걸을 수 있다는 사실을 잊으면 안 된다.

거울에 비친 자기 모습에 감탄하거나 실망하더라도 바로 이 순간이 남은 생의 가장 젊고 아름다운 시절이다. 오롯이 '나'로 살기 위한 노력은 자신의 현재 모습을 긍정하는 일에서 출발한다. 오스카 와일드는 아름다운 외모와 젊음을 지키려는 사람들에게 교훈을 주려는 게 아니라 블랙홀 같은 욕망과 영원을 꿈꾸는 사람들에게 위로를 보내고 싶어 이 소설을 쓴 듯하다. 관능적, 육체적 쾌락에 대한 경고가 아니라 회색빛 머리카락, 주름이 팬 얼굴에 스민 자기 삶의 소중함을 확인하라는 충고로 읽힌다. 세상에 유일무이한 존재로서의 나를 사랑해야 한다는 당위는 오늘을 사는 나에 대한 긍정이자 위로다.

욕망과 자유 의지에 따라 충실하게 산다

도리언 그레이, 헨리 워튼 경, 바질 홀워드 또한 사회적 존재로서 자신을 돌아보며 자기 욕망에 충실하게 산다. 이들을 통해 오스카 와일드는 타인을 이해하고 세상을 살아가는 방식에 질문을 던진다. 지금 우리가 사는 세상은 문제가 없느냐고, 당신이 선택한 삶의 태도와 방법은 괜찮으냐고. 질문에 대한 답은 언제나 독자의 몫이다.

인생 그 자체가 영화 같은 문제적 작가 오스카 와일드는 동성애로 인해 삶이 순탄치 않았다. 하지만 체제에 순응하지 않고 사회적 기준에 맞춘 성공을 거부한 오스카 와일드를 21세기의 기준으로 손가락질할 수는 없을 것이다. 어느 시대나 도덕주의와 위선적인 엄숙함에 도전하는 경계인이 있기 마련이다. 사회적 전통과 규범을 무시하라는 선전 선동과 달리 기존 질서를 성찰하고 비판했던 사람들이 세상을 한발씩 앞으로 나아가게 했다. 내가 '나'로 살아가기 위해서는 자기 성찰과 정체성의 확인도 중요하지만, 우리가 사는 세상의 기준에 대한 사람들의 관점도 달라져야 한다.

너무나 짧은 인생인데 다른 사람의 잘못까지 어깨에 짊어지고 갈 수는 없는 노릇이 아닌가. 각자는 자신의 삶을 사는 것이고, 그 삶에 대한 대가도 각자가 알아서 치러야 하는 게 아닌가. 다만 한 가지 안타까운 것이 있다면 단 한 번의 잘못에 대해 너무 자주 대가를 치러야 한다는 점이다. 실제로 거듭해서 그 대가를 지불해야 한다. 인간과 거래하면서 운명의 여신은 결코 손해 보는 법이 없었다.

—『도리언 그레이의 초상』 중에서

가족, 친구, 연인은 물론 학교, 회사, 동호회 등 주변과 생각이 다를 때 우리는 어떻게 반응할까? 이런 '인지부조화' 상태에서 사람들은 대개 자기 선택이 최선이었다고 스스로 다독이거나 주변 사람들을 설득하는 대신 자기 생각을 바꾼다. 인간은 합리화에 능숙하다. 심리적 불편함을 견디기 힘들기 때문이다. 이솝 우화에 등장하는 '신 포도와 여우' 이야기처럼 마음의 평화와 안정을 위해 생각과 태도를 바꾸는 일은 어렵지 않다. 불편한 마음을 떨치지 못하고 내내 신경 쓰이는 일이 어디 한둘인가? 자유 의지에 따라 생각한 대로 살 수 있는 현대인에게 '인지부조화'는 견딜 수 없는 고통이다. 따라서 이를 해소하려는 심리적 태도는 마음의 평화를 위한 본능에 가깝다.

미국의 사회 심리학자 레온 페스팅거는 위와 같은 상황에서 느끼는 불편한 심리에 관해 깊이 연구했다. 현대인에게 '인지부조화'는 정치적 성향, 종교적 신념 혹은 주변 사람들과의 관계 그리고 자기 정체성을 들여다보는 데 매우 중요한 개념이다. 예를 들어 기후 위기에 신경 쓰는 사람들은 일회용품을 사용하면 불편함을 느낀다. 이 부조화를 줄이기 위해 일회용품 사용을 줄이고 재활용이 가능한 제품을 사용하는 등 행동을 수정하는 게 바람직하다. 그러나 이를 매번 완벽하게 실천하며 사는 건 불가능하다. 그럴 때 우리는 '나 하나쯤이야' 전략을 활용한다. 일회용품 한두 번 사용한다고 심각하게 환경이 파괴되는 건 아니라고 합리화하는 것이다. 또는 환경 보호 단체에 기부하는 방법으로 일회용품 사용에 대한 마음의 부담을 상쇄하려는 보상적 행동을 한다. 레온 페스팅거는 인간은 심리적 부조화를 줄이기 위해 행동적 인지 요소를 바꾸거나 환경적 인지 요소를 수정하고, 새로운 인지 요소를 추가한다고 했다.

일상생활에서 '인지부조화'는 자주 경험하지만, 그것을 매번 확인하고 이론에 따라 생각과 행동을 바꾸는 건 아니다. 개인적 차이가 있으나 이 불편한 마음을 해소하려는 노력은 모든 사람이 갖는 자연스러운 태도다. 스스로 인정할 수 없는 모순과 부조화를 없애려는 마음은 누구나 비슷하다. 가령 술을 마시는 사람이 음주가 건강에 해롭다는 연구 결과를 접했을 때 술고래였지만 98세에 돌아가신 할아버지의 유전자를 거론하거나 긴장 완화, 스트레스 해소 등 음주의 긍정적 효과를 주장하며 알코올이 오히려 심혈관 질환의 위험을 감소시킨다는 정보를 믿는다. 술을 마시고픈 욕망과 건강 사이의 부조화를 줄이거나 없애려는 마음은 본능에 가까운 심리적 태도인 것이다. 알면서 실천하지 못하는 안타까움은 매일 일상에서 마주하는 바로 우리의 모습이 아닌가?

사회심리학에서 가장 중요한 연구 주제가 인지부조화였다. 레온 페스팅거는 다음과 같은 기본 가설에서 출발한다.

레온 페스팅거는 비일관성이라는 말 대신 논리적인 의미가 덜한 '부조화', 일관성이라는 말보다 중립적 용어인 '조화'라는 단어를 사용했다. 한마디로 인지부조화는 일관성 없는 태도, 즉 생각과 행동의 불일치를 말한다. 이것은 합리적이지 않고 논리적이지 못하다는 이성적 판단뿐만 아니라 감정의 영역까지 포함하는 광범위한 불편함이다. 부조화의 크기를 결정하는 건 '의사결정의 중요성'과 '선택되지 않은 선택지의 상대적 매력도'이다. 가장 단순하고 명쾌한 방법은 의사결정을 바꾸거나 취소하는 일이다.

그러나 인생이 어디 그리 쉬운가? 아이스크림이나 저녁 메뉴를 골랐을 때와 직업이나 배우자를 선택한 후의 부조화는 그 크기가 다를 수밖에 없다. 이미 흘러간 시간, 벌어진 일은 바꾸기가 어렵다. 그래서 우리는 선택한 대상을 더 소중하게 여기고 큰 의미를 부여한다. 그렇지 않으면 '그놈이 그놈이다'와 같은 방식으로 애써 부조화를 극복하기 위해 노력한다.

정량적이고 실험적인 레온 페스팅거의 인지부조화 이론

은 그때그때 달라지는 우리의 마음과 태도를 이해하는 데 도움을 준다. 인간의 뇌, 즉 내 마음은 나도 잘 모른다. 자신을 가장 잘 아는 건 바로 '나'라고 생각하지만, 선택의 순간마다 일관성이 없다. 머리와 가슴이 따로국밥인 경우가 어디 한두 번인가! 심리학 용어나 뇌과학의 연구 결과를 안다고 해서 부조화가 줄어드는 건 아니다. 그렇지만 내 마음과 행동을 돌아보는 시간을 갖는 건 좋은 일이다. 자신이 합리적이고 일관성 있는 사람이라는 생각은 착각에 불과하다. 그러니 '나는 누구인가'에 대한 근본적인 질문, 내 마음이 흔들리고 조화롭지 못한 이유를 찬찬히 돌아보는 시간은 더더욱 필요하다.

헛된 욕망을 극복하는 인지부조화는 없다

도리언 그레이는 바질 홀워드가 그려준 초상과 현실 속 자기 모습 사이에서 인지부조화를 극복하지 못하고 추악하게 변해가는 그림을 칼로 찌른다. 그러나 부조화는 해소되지 못하고 오히려 가슴에 비수가 꽂힌 채 도리언 그레이는 쓰러진다. 현실 속의 도리언 그레이가 노쇠하고 추악한 몰골을 드러내며 숨을 거두자, 초상화는 마침내 본래의 젊고 아름다운 모습을 되찾는다. 소설에서 도리언 그레이처럼 현실에서 오스카 와일드도 인지부조화를 견디지 못한 모습으로 최후를 맞는다. 프랑스에서 외롭게 인생을 마감할 때 그는 어떤 생각을 했을까?

레온 페스팅거는 보상과 처벌에 의한 순응으로 인해 부조화가 발생할 수 있다고 경고했다. 자기 행동과 조화를 이루기 위해 의견을 바꿀 때, 보상이나 처벌이 커질 때 부조화가 생긴다. 도리언 그레이에게 영원한 젊음, 아름다운 외모가 전부였으나 결국 죄책감과 권태를 느낀다. 그것은 아름다운 외모와 대비되는 추악한 내면의 부조화 때문이었다. 세상에 영원한 건 절대 없다는 진실을 외면하고 싶은 헛된 욕망이야말로 인지부조화를 극복하려는 처절한 몸부림이 아니었을까?

소설의 결말보다 더 큰 비극은 현실에서 내가 극복할 수 없는 인지부조화를 마주할 때다. 아니다, 어쩌면 극복할 수 없는 부조화는 없을지도 모른다. 자신을 속이면서 생각을 바꾸고, 원하는 방향의 지식과 정보만 찾아내면 가능하지 않을 것이 없다. 그러나 우리는 알고 있다. 마음 한구석 최면을 걸듯 외면했던 진실이 언젠가 내 영혼을 뒤흔드는 순간이 온다는 것을…. 그때 레온 페스팅거가 말한 '인지부조화 이론'이 떠오를지 모른다. 인간은, 아니 나는 이성적 존재가 아니라 합리화의 달인이라는 사실을 실감한 후에.

가까이하기엔 너무 먼 가족

『다섯째 아이』

The Fifth Child (1988)

도리스 레싱
(Doris Lessing, 1919-2013)

2007년 노벨문학상을 받은 도리스 레싱은 인간의 마음과 사회 문제를 날카롭게 파헤친 영국의 대표 작가이다. 이 소설은 완벽한 가정을 꿈꾸며 행복하게 살던 부부에게 거칠고 낯선 '다섯째 아이'가 태어나면서 평화로운 일상이 산산조각 나는 과정을 그렸다. 통제할 수 없는 낯선 존재 때문에 무너지는 가족의 모습은 우리가 당연하게 여기는 평범함이 얼마나 쉽게 깨질 수 있는지 서늘하게 경고한다.

『가족, 사유재산, 국가의 기원』

Der Ursprung der Familie, des Privateigenthums und des Staats (1884)

프리드리히 엥겔스
(Friedrich Engels, 1820-1895)

마르크스와 함께 과학적 사회주의를 창시한 독일의 철학자 프리드리히 엥겔스는 인류 역사를 계급의 시선으로 바라봤다. 이 책은 고대 사회의 인류학적 연구를 바탕으로 가족과 국가가 태초부터 존재했던 것이 아님을 밝혀냈다. 사유재산이 생겨나면서 여성을 억압하는 가부장제 가족이 탄생하고, 가진 자의 재산을 지키기 위해 국가라는 제도가 만들어졌다는 통찰을 담고 있다. 불평등의 뿌리를 파헤쳐 현대 사회 운동에 큰 영향을 주었다.

○　나는 어떻게 지금의 '나'가 되었을까? 외모, 성격, 취향은 물론 정치적 성향, 타인과 세상을 바라보는 태도와 관점 등은 부모와 가족, 살아온 환경과 경험을 통해 '나'가 만들어진다. 어린 시절 어머니가 만들어 주신 음식, 아버지가 운전하며 틀어 놓은 음악, 형제자매들과 함께 본 TV 프로그램과 영화가 단순히 추억이 될 뿐일까?

미국의 사회학자 찰스 쿨리는 인간은 거울처럼 타인의 의견에 반응하면서 '사회적 자아'가 형성된다는 '거울 자아 이론'을 주장했다. 자아는 개인적이었다가 나중에 사회적으로 변하는 게 아니라 처음부터 타인과의 유기적인 관계를 맺으며 성장한다는 것이다. 타인, 즉 유년 시절의 가족은 나를 비추는 거울이며 동시에 모방해야 할 학습의 대상이다. 사회심리학자 조지 미드는 자아를 형성하는 데 '역할'에 대한 모방 학습의 중요성을 강조했다. 아이들은 부모, 형제 등을 모방하고 그들의 반응을 보며 자아를 형성한다.[2] 이렇게 중요한 가족 아니, 부모와 자녀 사이의 관계는 인생의 중요한 조건이며 타인과 세상을 바라보는 창을 만들어 준다. 그러나 같은 부모에게 태어난 자식이 모두 다르듯 각각의 자녀를 대하는 부모의 태도 또한 다를 수밖에 없다. 모든 인간관계가 그러하듯 관계 양상은 지극히 개별적이고 상대적이기 때문이다.

도리스 레싱의 『다섯째 아이』는 바로 이런 부모와 아이의 개별성을 극적으로 표현한 소설이다. 작가 레싱은 빙하시대의 유전자가 여전히 우리에게 전해진다는 한 인류학자의 글과 한 어머니가 네 번째 태어난 딸 때문에 나머지 세 명의 아이를 망쳤다는 잡지의 글에서 이 이야기를 착안했다고 밝혔다. 물론 유전과 환경결정론의 오래된 논쟁을 보여주기 위해 이 소설을 쓰지는 않았을 것이다. 주변을 돌아보면 멀쩡한 집안에서도 문제아를 볼 수 있다. 어려운 환경에서 자랐지만 훌륭한 아이는 또 얼마나 많은가?

완벽한 가족을 꿈꾸는가

1919년, 아버지가 군인 장교로 복무했던 이란에서 태어나 아프리카 짐바브웨에서 성장한 레싱은 열네 살에 스스로 학교를 떠난 후 다양한 사회 경험을 하면서 독학으로 문학을 공부했다. 백인 농부의 아내와 흑인 하인 사이의 관계를 통해 인종 간 갈등을 비판한 첫 소설 『풀잎은 노래한다』에서 보듯 레싱은 자기 경험을 바탕으로 백인의 아프리카 식민 통치와 흑인에 대한 억압을 신랄하게 비판하며 인간과 세계 인식의 태도를 드러냈다. 2007년, 역대 최고령 노벨문학상 수상자로 선정되기까지 레싱은 다양한 작품을 선보이며 독특한 작품세계를 구축했다. 2013년 사망했으니 20세기를 온전히 살아내며 인류의 현재를 예리하게 관찰한 작가라고 해도 과언이 아니다.

누구나 넓고 좋은 집에서 가족과 함께 평범한 일상을 즐기려는 욕망이 있다. 젊은 부부 데이비드와 해리엇이 꿈꾼 행복도 특별하지 않다. 무성한 정원을 가진 빅토리아풍의 거대한 집에서 아이들은 밝고 건강하게 자라지만 루크, 헬렌, 제인, 폴에 이어 1974년에 태어난 벤은 임신초기부터 단란한 가정에 어두운 그림자를 드리운다. 돌연변이처럼 낯선 다섯째 아이 벤의 출생은 가족 모두에게 충격이다. 행복은 벤의 등장과 함께 너무 쉽게 무너진다.

시대를 넘어 인류의 보편적 가치인 휴머니즘을 기만적 이데올로기라며 비판적 시선으로 바라본 레싱은 가족의 가치, 완전한 사랑, 인간의 내면, 존재의 불안, 삶의 아이러니를 집요하게 따져 묻는다. 어쩌면 모든 관계, 모든 이야기의 시작은 사랑하는 사람과 가족에서 출발하는지도 모른다. 두 번의 결혼과 이혼 그리고 세 명의 자녀를 둔 어머니로서 레싱도 완벽한 가족을 꿈꾸었을까? 일흔이 되어 쓴 『다섯째 아이』는 '가족'의 역할과 의미를 되새기게 한다.

이 작품은 읽는 재미와 완성도에 박수를 보내기 힘든 소설임에도 '나는 누구인가'라는 질문 앞에서 떠오를 수밖에 없는 소설이다. 어느 가족에게나 '벤'이 있기 때문이다. 우리 가족에는 '벤'이 없다고 생각한다면 아마 자기 자신일 것이다. 내 생각과 감정의 근원, 인간과 세계를 바라보는 기준이 되는 가족은 자기 정체성의 바탕이다. 선악의 기준도, 윤리적 판단도 아닌, 있는 그대로의 모습을 확인하기 위해 조금 떨어진 거리에서 가족을 바라봐야 한다.

이 음울한 소설을 읽으며 독자들은 아버지와 어머니 그리고 자녀들을 떠올릴 것이다. 그들은 어떤 존재로 내 삶에 영향을 미치는가? 적당한 거리에서 서로의 선택을 존중하며 주체적이고 독립적 개인으로 살아가는가? 아니면 가까운 거리에서 생각과 감정을 뒤흔들고 자기 욕망을 투사하며 간섭하고 지배하는가?

나를 이해하지도 품어 주지도 못하는 가족은 남보다 못하다. 사랑한다는 이유로 서로에게 너무 쉽게 상처를 주는 존재가 가족이기 때문이다. 가족이야말로 너무 가깝지도, 그렇다고 너무 멀지도 않은 철저한 '거리 두기'가 필요한 관계가 아닐까? 레싱은 단편 「19호실로 가다」에서도 주인공 수전 롤링스를 통해 낭만적 사랑과 행복한 가정이라는 꿈이 환상에 불과할지도 모른다는 점을 적나라하게 드러낸다. "사실 그 방이 없으면, 나는 존재하지 않는 사람이야."라는 고백처럼 우리에겐 '스위트 홈'이 아니라 자기만의 독립적인 시간, 절대 고독의 공간이 필요하다.

사유재산이 가족 제도의 바탕

현대 사회에서 가족은 의식주를 해결하는 공동체의 기본 단위이며 교육과 의료, 복지 등 국가의 기능을 일부 담당한다. 부모의 직업과 성향에 따른 가정교육이 한 인간의 내면을 형성하여 사회 구성원을 생산하기 때문이다. '벤'의 부모인 데이비드와 해리엇을 이해하기 위해 레싱이 그들의 부모, 형제 등 집안 족보를 살피듯 구체적으로 설명한 것도 비슷한 맥락이라고 볼 수 있다. 프리드리히 엥겔스 또한 이렇게 중요한 가족의 역할과 의미에 주목했다.

마르크스와 『공산당 선언』을 함께 발표한 프리드리히 엥겔스는 부유한 공장주의 장남으로 태어나 가업을 이어받았다. 틈틈이 철학, 종교, 사회 등 평론을 쓰다가 마르크스를 만났다. 카를 마르크스의 정신적, 물질적 후원자였던 프리드리히 엥겔스는 새로운 관점으로 자본주의의 역사적 기원을 탐구했다. 또한 역사 인식 방법으로 유물사관을 제시하며 마르크스 철학의 기초를 확립했다.

프리드리히 엥겔스는 빈부 격차, 청년실업, 비정규직, 저출산 등 가족의 형태와 기능을 사유재산의 축적에서 해결의 실마리를 찾으려고 했다. 그는 『가족, 사유재산, 국가의 기원』을 통해 가족을 경제 구조적 측면에서 살폈다. 19세기 현실에서 바라본 결혼과 가족의 의미는 지금 우리 현실과 얼마나 맞닿아 있을까?

일부일처제는 결코 개인적인 성애의 소산이 아니었다. 그것은 성애와는 아무런 상관이 없었다. 결혼은 언제나 이해관계에 의한 거래였기 때문이다. 일부일처제는 자연적 조건이 아니라 경제적 조건에 기초한 최초의 가족 형태였다.

—『가족, 사적 소유, 국가의 기원』 중에서

엥겔스는 미국의 인류학자 루이스 헨리 모건의『고대 사회』를 토대로 가족 형태의 기원을 설명한다. 인류는 수렵에 기반한 군혼°과 대우혼°°을 거쳐 농경문화의 발달로 일부일처제를 정착시켰다. 이는 잉여생산물을 축적해 '사적 소유'가 가능해졌다는 의미다. 농경과 목축으로 남성의 지휘가 상승하자 자기 아들에게 상속하기 위해 여성에 대한 억압이 시작됐다. 엥겔스는 일부일처제가 사유재산의 상속을 위해 만들어진 제도라고 추측하며 모계 사회의 몰락과 부계 사회의 출현을 '여성의 세계사적 패배'라고 규정했다. 이제 사유재산은 상식이 되었고, 이것을 자녀에게 상속하는 건 너무 당연한 시대를 살고 있다. 이를 기반으로 근대 국가가 형성되었다는 사실을 우리는 잘 알고 있다. '야만 → 미개 → 문명'의 흐름 속에서 사유재산이 가

° 원시 공동체 사회에서 한 집단의 모든 남자와 상대 집단의 모든 여자가 공동의 배우자 될 수 있는 결혼 형태

°° 미개사회에서 한 혈족의 형제 또는 자매와 다른 혈족의 형제나 자매 사이에 남자 한 사람에 여자 한 사람씩 짝을 짓는 결혼 형태

족제도의 바탕이 되었다는 통찰이다.

공평하지 않지만 화목한 가족의 권력 관계

역사적 발전 과정에서 인류는 수많은 역경을 딛고 생존과 번영을 이뤄왔다. 그 과정에서 희생과 고통은 모두에게 공평하지 않았다. 가족은 성인 남성의 권력을 중심으로 한 계급과 계층 사회의 축소판이었다. 이는 고스란히 학교, 군대, 기업 등 조직 문화로 전이되었고, 국가의 형태 또한 크게 다르지 않은 모습으로 유지되었다. 엥겔스의 통찰이 21세기에도 유효한 이유는 현대 사회의 다양한 문제를 점검하고 현실적인 해결책을 찾는데 지혜를 얻을 수 있기 때문이다.

그는 사유재산을 부정하거나 가족 해체를 주장한 게 아니었다. 가족 내 권력관계, 권위적 가부장제에 대한 성찰을 촉구한 것이다. 자녀는 부모의 소유물이 아니며 어머니가 아버지에게 순종할 의무도 없다. 하지만 여전히 우리 사회 곳곳에는 여성에 대한 차별, 어린이와 청소년의 인권, 장자 상속 문제로 인한 갈등이 벌어진다. 엥겔스는 사유재산 제도에 바탕을 둔 가족의 형성과 국가의 기원을 살피며 더불어 사는 세상을 꿈꿨다. 시대적 변화와 혼란 속에서도 사회 변혁을 꿈꾸던 이들의 상상력은 우리가 사는 세상을 조금 더 나은 곳으로 만드는 데 원동력이 되었다.

‘벤’은 평화롭고 행복한 중산층 가정에 나타난 재앙으로 관계의 균열을 일으킨다. 도리스 레싱은 엥겔스의 지적대로 사유재산과 상속으로 형성된 화목한 가족의 권력관계를 돌아보게 한다. 소설은 가부장제와 장자 상속의 전통, 아버지와 아들 혹은 어머니와 딸의 갈등은 물론 ‘세습 중산층 사회’ 문제까지 연결되어 우리가 사는 현실을 돌아보는 거울의 역할을 한다. 중산층 부모가 가진 부가 자녀에게 상속되어 계층 이동이 어려워지는 등 경제 논리에서 벗어날 수 없는 문제의 근원을 들여다보는 노력은 계속돼야 한다. 왜냐하면 나의 정체성과 가족 문제는 우리 사회, 경제 상황 등등 현실적인 문제에서 출발하기 때문이다.

19세기 엥겔스가 21세기를 사는 우리에게 가족의 역할과 의미를 살펴보라는 주문에는 많은 이야기가 숨어 있다. 부모의 가르침, 학교 공부, 세상살이를 통해 성장한 나에게 가족은 그 바탕이며 근원이지만 골칫거리이자 문제의 원인이기도 하다. 나는 누구인지, 내 생각과 감정은 어떻게 만들어졌는지 도리스 레싱이나 프리드리히 엥겔스처럼 끊임없이 주변을 관찰하며 나를 성찰하고 타인과 세상을 이해하기 위해 노력해야 하겠다. 사회와 가족이 씌워준 자신의 역할에 변화가 필요한 시점, 도전과 용기가 필요한 사람이라면 더더욱.

나로 산다는 건 무엇일까

『데미안』

Demian (1919)

헤르만 헤세

(Hermann Hesse, 1877-1962)

노벨문학상을 수상한 독일 태생의 작가 헤르만 헤세는 인간의 내면적 성장과 자아 탐구를 끊임없이 고민한 작가이다. 제1차 세계대전 직후 발표된 이 소설은 불안한 청춘을 단숨에 사로잡은 성장 문학이다. 안락하고 밝은 선의 세계에 살던 소년 싱클레어가 신비로운 친구 데미안을 만나며 진정한 자기 모습을 찾아가는 험난한 여정을 그린다. 선과 악이 뒤섞인 세상을 피하지 않고 온전히 받아들이며 홀로서는 과정이 돋보인다. 하나의 세계를 깨뜨려야만 태어날 수 있다는 강렬한 메시지는 어른의 세계로 나아가는 모두에게 깊은 울림을 준다.

『인간에 대한 오해』

The Mismeasure of Man (1981)

스티븐 제이 굴드

(Stephen Jay Gould, 1941-2002)

미국의 저명한 고생물학자이자 진화생물학자인 스티븐 제이 굴드는 과학의 대중화에 앞장서며 사회적 편견과 맞서 싸운 실천적 지식인이다. 이 책은 인간의 지능을 숫자로 서열화하려는 '생물학적 결정론'의 허상을 통렬하게 비판한 과학 교양서이다. 머리뼈 크기나 IQ 검사 등으로 사람을 평가하려던 과거의 시도가 사실은 인종 차별을 정당화하려는 엉터리 과학이었음을 조목조목 짚어낸다. 과학의 이름 뒤에 숨은 편견을 고발하며 인간의 가치는 숫자로 잴 수 없음을 일깨운다.

◎　　헤르만 헤세는 두 번이나 학교를 중퇴했고 자살 시도를 한 탓에 손바닥만 한 고향 칼브에서 사람들이 수군거리는 소문난 문제아였다. 목회자의 길을 거부하고 작가의 길을 선택했던 경험은 그의 소설 곳곳에 배어 있다. 학교를 그만뒀지만 헤세는 고서점 점원으로 일하며 책과 함께 고독과 번민과 방황 속에서 자기 세계를 구축했다. 첫 소설 『페터 카멘친트』로 이름을 알렸으나 제1차 세계대전 당시 반전, 평화를 주장하다 독일 극우파에게 매국노라는 비난을 받기도 했다. 이런 분위기 때문인지 종전 직후인 1919년, 헤세는 '에밀 싱클레어'라는 필명으로 『데미안』을 발표했다. 폰타네 문학상 수상 등 관심과 찬사가 쏟아지자 결국 에밀 싱클레어가 헤르만 헤세 자신임을 밝혔다.

유럽의 '벨 에포크(아름다운 시절)'에 종말을 고한 제1차 세계대전은 전통문화와 규범 체계를 송두리째 무너뜨렸다. 민간인 포함 1,500만 명이 넘는 사망자가 발생한 전쟁의 충격과 후유증으로 기존의 세계관에 심각한 균열이 발생한 것이다. 이때부터 자본주의가 본격적으로 유럽을 지배하며 제국주의 열강들의 탐욕과 누구나 부자가 될 수 있다는 개인의 욕망이 폭발했다. 세기말의 데카당스°를 지나 전쟁으로 폐허가 된 혼란스러운 유럽에는 불안하고 고독한 사람들로 가득했다. 자기 삶을 선택할 수 있는 자유롭고 평등한 세상을 어떻게 살 것인지, 나는 누구인지 스스로 답을 찾아야 했다. 이런 시기에 시시포스의 바윗돌처럼 무거운 삶을 지탱해야 하는 인간의 숙명을 예고한 작품이 바로 『데미안』이다.

이처럼 『데미안』의 출간 시기는 절묘했다. 아니, 급변하는 시대의 고민을 담았다고 할 수 있다. 태어나는 순간 삶의 길이 결정되던 시대를 지나 신분 질서가 무너지고 극심한 혼란과 불안에 휩싸인 사람들은 에밀 싱클레어에게 자기 고민을 투영했다. 헤세는 자기 삶을 스스로 결정해야 하는 현대인의 초상을 예고하듯 고독하고 불안한 에밀 싱클레어라는 새로운 유형의 인물을 창조한 것이다. 주인공 싱클레어의 방황과 성장의 고통이야말로 '지금-여기' 서 있는 나를 닮았다.

나로 산다는 것은 세상을 깨뜨리는 일

우리는 선과 악, 빛과 어둠, 질서와 혼돈이 뒤섞인 세상을

○ Décadence. 19세기 후반 프랑스에서 시작되어 유럽 전역으로 전파된 퇴폐적인 경향 또는 예술운동을 가리키는 용어로 기괴한 제재에 대한 흥미, 관능주의적 성향, 성적인 도착증, 과민한 자의식, 현실 사회에 대한 반감, 예술을 위한 예술의 강조 등이 특징이다.

살아간다. 이렇게 상반된 두 세계의 충돌은 피할 수 없으며 필연적으로 갈등을 일으킨다. 선택의 갈등 속에 살아갈 수밖에 없는 '나'는 오늘도 두 세계의 경계에서 서성인다. 그러나 어느 쪽을 선택해도 의문은 쉽게 사라지지 않는다. 정답 없는 세상에서 멈출 수 없는 방황을 계속할 운명을 안고 태어난 '나'가 곧 에밀 싱클레어가 아닌가? 데미안은 위기에 처한 주인공을 구원하는 존재다. 그러나 내 곁에는 데미안이 없다. 데미안은 그 유명한 문장이 담긴 편지를 보낸다.

새는 알에서 나오려고 투쟁한다. 알은 세계다. 태어나려는 자는 하나의 세계를 깨뜨려야 한다. 새는 신에게로 날아간다. 신의 이름은 압락사스다.

—『데미안』중에서

'압락사스'는 반은 신이고 반은 악마다. 인간과 세계는 양면성을 지닌다. 세상에 유토피아가 없는 것처럼 완전히 선한 존재는 없다. 타인과 마주한 '나', 현실과 갈등하는 '나'는 어떤 존재인가? 헤세는 "이미 당신은 완전하므로 스스로 경험하고 발견하라."라고 조언한다. 자기 삶을 찾아 떠나는 여행, '나'를 찾아가는 길이 우리 앞에 놓여 있을 뿐이다. 그 과정에서 만나는 사람과 세계는 언제나 선악이 공존한다. 모든 판단과 책임은 결국 '나'의 몫이라는 게 헤세가 전하는 메시지라면 허무하다. 도대체 나다운 것, 나로 산다는 것은 무엇일까?

내 속에서 솟아 나오려는 것, 바로 그것을 나는 살아보려고 했다. 그러기가 왜 그토록 어려웠을까?

─『데미안』 중에서

소설은 짧고도 긴 질문으로 시작한다. 있는 그대로의 '나'로 살아가는 건 결코 쉬운 일이 아니다. 우주에서 가장 어려운 일이라고 답해도 좋다. 왜냐하면 토끼가 살던 달나라에 발을 딛고, AI가 사람의 일을 대신하는 세상이지만 도대체 '나'는 누구인지 아무도 가르쳐 주지 않기 때문이다. MBTI 성격 유형으로 나를 알 수 있을까? 80억 인구를 열여섯 가지 MBTI 성격 유형으로 나누면 '나'와 비슷한 성격인 사람이 5억 명이다. 거칠고 투박한 이 방법으로 인간을 그렇게 쉽게 유형화할 수 있을까? 설사 안다고 해도 '나'의 욕망과 의지대로 세상을 사는 건 불가능에 가깝다. 작은 차이와 미세한 떨림이 개인의 정체성을 만들고 전혀 다른 삶의 길로 인도하기 때문이다. 그러니 이 세계에 던져진 유일무이한 존재인 '나'를 구원할 수 있는 건 오로지 '나'라는 사실에 직면할 수밖에 없다.

싱클레어의 방황은 데미안을 만나면서 전환점을 맞는다. 싱클레어를 협박해 돈을 뜯어내는 프란츠 크로머가 어둠과 악을 상징한다면 데미안은 빛이요 선이라는 해석은 지나치게 도식적일지도 모른다. 싱클레어의 선택과 용기가 오늘의 내가 아닌 내일의 '나'를 만든다. 한 인간의 성장은 십 대 혹은 사춘기에 완성되는 통과의례가 아니다. 죽음을 맞는 순간까지 생애 전체가 성숙을 향한 발걸음일 때 삶은 가치 있게 빛나는 법이다. 타인과 비교가 아니라 어제의 나와 오늘의 나를 비교하며 좋은 삶을 향해 나아가는 노력이 고통스러운 현실을 극복하는 유일한 방법인 것 같다.

인간은 관계를 통해 자신을 발견하고 성장하며 자기 정체성을 만들어 간다. 그럼에도 불구하고 선택과 책임은 오롯이 '나'의 책임이다. 그래서 인간의 삶은 고독한 법이다. 내가 나의 가장 소중한 친구가 되어 결국 고통에 빠진 나 자신을 스스로 구원하는 이야기, 내가 나의 멘토가 되고, 내가 나의 스승이 되어 그 누구도 나를 다치게 할 수 없는 존재가 되는 것, 그것이 『데미안』이다.[3]

우리는 편향의 세계에 살고 있다

한발 나아가 '나'의 의지와 용기가 삶을 변화시킬 수 있다는 생각은 내가 사는 세상이 공정하고 평등하다는 전제에서나 가능한 일이다. 그 누구도 시대와 장소, 부모를 골라서 태어날 수 없다. 그런데 만약 편견과 고정관념으로 가득한 세상에서 불평등을 숙명으로 받아들이는 사람들과 살아간다면 개인의 선택과 의지만으로 달라지는 건 별로 없다. 세계적인 진화생물학자 스티븐 제이 굴드는 인류의 오랜 불평등인 인종 차별을 지지한 과학 이론과 연구 성과를 세밀하게 따져 물으며 '생물학적 결정론'의 잘못된 역사를 끈질기게 추적했다. 그는 인간에 대한 오해가 불평등과 편견을 낳았다고 주장한다. 인종, 성별, 종교, 장애 등 뿌리 깊은 차별과 혐오는 과연 생물학적 결정론으로 설명할 수 있을까?

굴드가 비판한 '생물학적 결정론'이란 인종, 계급, 성별 등 인간 집단들 사이에 나타나는 각각의 행동양식이나 사회, 경제적 지위의 차이가 유전적 차이에서 발생한다는 생각이다. 따라서 사회 계급과 계층은 생물학적 결정론의 자연스러운 결과라고 주장한다. 그러나 이를 증명하기 위한 과학 실험에는 수많은 통계 조작과 오류가 숨어 있었다. 인간의 미세한 유전적 차이가 차별의 근거가 될 수 없다는 사실을 확인한 스티븐 제이 굴드는 『인간에 대한 오해』에서 "우리는 인간적 차이와 편향의 세계에 살고 있다. 그러나 이러한 사실을 엄밀한 제한 이론으로 외삽하는 것은 이데올로기이다."라고 말했다. 차이와 편향은 인간의 본능에 가깝지만, 그것이 정책과 제도에 반영되는 건 심각한 사회문제라는 지적이다.

1960~1970년대 미국은 큰 변동을 맞이한다. 흑인에 대한 차별이 공공연했던 미국 사회에서 인권 운동의 확산은 새로운 세상을 예고하는 듯했다. 「흑인민권법」이 제정되어 공공장소에서 인종 차별을 금지하는 등 큰 변화가 시작됐으며 「전미여성연맹」이 창설되어 아프리카계 미국인과 여성의 인권 운동이 활발해졌다. 20세기 들어 지구 곳곳에 민주주의가 정착하면서 자유와 평등에 대한 시민의식이 고조되었고 편견과 차별의 원인

을 규명하려는 학문적 노력이 시작됐다. 이 같은 시대적 분위기는 기존 과학에 대한 의문을 제기했고, 특히 유전자가 태어나는 순간 인간의 운명을 결정한다는 생각에 동의하기 어려워졌다.

미국의 생물학자 스티븐 제이 굴드는 『인간에 대한 오해』를 통해 과학의 역사를 통렬하게 비판했다. 굴드는 인간의 정량화가 어떤 오류를 범했는지 꼼꼼하게 들여다본다. 그 오류의 핵심은 추상적인 개념을 실체로 변환시키려는 '사물화' 경향과 복잡한 변이를 점차 상승하는 단계로 질서 있게 줄 세우려는 '서열화'이다. 19세기의 '두개계측학'°와 20세기의 'IQ테스트'가 대표적인 사례다. 복잡하고 다면적인 인간의 뇌를 정량화할 수 있다는 오만이 숱한 차별과 혐오에 과학적 근거를 제공했다. 프랜시스 골턴의 우생학, 스탠퍼드-비네 검사 등이 바로 사물화 경향과 서열화의 대표적인 사례이다. 인간을 단순하게 수량화할 수 있다는 착각이 '인간에 대한 오해'를 촉발한 원인이다.

시대를 앞서 당돌한 질문을 던진 생물학자 굴드의 목소리에 합리적 이성을 가진 사람들은 반응하기 시작했다. 과학의 이름으로 벌어진 수많은 곡학아세를 다시 검증하는 과정에서 우리는 진실과 마주한다. 확실한 진리를 탐구한다는 교만이 아니라 끊임없는 의심과 질문이야말로 과학의 진정한 의무다. 우리가 '정답'이라고 믿어 의심치 않던 과학 이론과 실험 결과조차

○　　두뇌 크기와 용적을 측정하는 학문

언젠가 다른 결론에 도달할 수 있다. 그러나 스티븐 제이 굴드도 '나는 누구인가'라는 질문에 답을 주지 못한다.

누구나 자기 자신이 되려 애쓴다

개별적 존재로서 '나'의 정체성은 진화론적 관점에서 자유롭지 못하다. 하지만 흑인과 여성이 백인과 남성보다 열등하다는 착각, 특히 지적 능력은 타고난다는 오해가 개인과 집단에 대한 편견으로 이어진다면 심각한 문제다. 인간에 대한 오해는 지능에 대한 오해이며 지능에 대한 오해는 인간 평가 기준에 대한 착각에 불과하다.

타인과의 갈등, 세상과의 불화가 오직 '타인'에게 문제가 있거나 '세상'이 잘못되어서일까? 사람과 상황에 따라 관점과 태도가 달라지니 현실에서 부딪치는 고민을 일반화하기 어렵다. 찰스 다윈은 『비글호 항해기』의 노예제에 대한 장에서 "빈곤의 비참함이 자연법칙이 아니라 우리의 사회제도에 의해 비롯되었다면, 우리의 죄는 중대하다."라고 말했다. '너'의 문제는 '나'와 '우리'가, 공동체가 같이 고민할 문제다. 내가 누구인지 알기 위해서는 나를 둘러싼 사회적 상황까지 살펴야 한다.

그러기에 우리는 매일 타인과 세상을 향한 관심의 끈을 놓지 않아야 한다. 방황하는 싱클레어에게 데미안이 손을 내밀었던 것처럼 겸손한 태도로 자신을 점검하는 사람은 타인과 세상을 살아가는 방법을 찾는다. 그런 태도를 가질 수 있을 때, 그 누구도 아닌 '나'로 살아갈 준비가 됐다고 생각해도 좋다. 헤르만 헤세는 "모든 사람의 삶은 제각기 자기 자신에게로 이르는 길이다. … 그 누구도 온전히 자기 자신이 되어 본 적이 없건만, 누구나 자기 자신이 되려고 애쓴다."라고 말했다. 굴드의 말대로 타인에 대한 편견과 인간에 대한 오해를 점검하는 일도 중요하지만 우선 나 자신만의 길을 걷기 위한 노력도 필요하다.

시간과 공간을 뛰어넘어 보편성을 담아낸 이야기를 우리는 고전이라 부른다. '지금-여기'에서 그 누구도 아닌 내 삶을 고민하기 위해 우리는 오늘도 먼지 쌓인 책장을 뒤적이는 게 아닐까?

2장

타인과 나,
어디까지 괜찮을까

공감할 수 없는 나와 너

○

『자기 앞의 생』

La vie devant soi (1975)

에밀 아자르
(Émile Ajar, 1914-1980)

에밀 아자르는 프랑스 문학의 거장 로맹 가리의 필명. 같은 작가가 두 번 받을 수 없는 것이 원칙인데도 콩쿠르상을 받았다. 당시 "에밀 아자르=로맹 가리"라는 사실을 아무도 몰랐다. 세상에서 버림받은 아이들을 거두어 키우는 로자 아줌마와 열네 살 아랍 소년 모모의 특별한 우정을 그렸다. 애어른 같은 소년의 시선이 깊은 슬픔 속에서도 따뜻한 웃음을 자아낸다. 가장 소외된 사람들이 서로를 보듬고 사랑하는 모습을 통해 아무리 비참하고 고통스러운 현실 속에서도 삶을 껴안아야 하는 이유를 감동적으로 보여준다.

○

『타인의 고통』

Regarding the Pain of Others (2003)

수전 손택
(Susan Sontag, 1933-2004)

미국의 실천적 지식인이자 에세이스트인 수전 손택이 현대 사회의 미디어 소비 방식을 날카롭게 꼬집은 책이다. 텔레비전과 사진으로 매일 쏟아지는 전쟁과 재난의 참상을 보면서 남의 고통에 얼마나 무감각해졌는지 묻는다. 단순히 불쌍해하는 감정을 넘어서 그런 비극이 왜 일어났는지 근본적인 원인을 돌아보게 만든다. 타인의 불행을 그저 구경거리로 만드는 폭력을 고발하며 다른 사람의 아픔을 진정으로 이해하고 행동하기 위해 우리가 가져야 할 책임감을 일깨운다.

○ 로맹 가리는 1956년 프랑스 최고 권위의 문학상인 콩쿠르상을 수상하는 등 전성기를 보냈으나 나이 들면서 고루한 노년 작가로 외면당했다. 한때 외교관으로 일하며 미국 여배우 진 세버그와 재혼하는 등 화려했던 젊은 시절과 달리 그의 노년은 쓸쓸했다. 그렇게 독자들의 기억 속에서 사라지던 로맹 가리는 1975년에 에밀 아자르라는 필명으로 『자기 앞의 생』을 출간했다. 독자들은 환호하며 폭발적인 반응을 보였고 콩쿠르상까지 받았다. 그러나 그로부터 5년 후인 1980년, 에밀 아자르는 입속에 권총을 물고 자살했다.

사후에 발간된 『에밀 아자르의 삶과 죽음』을 통해 로맹 가리와 에밀 아자르가 동일인이었다는 사실이 널리 알려졌다. 프랑스 문학계는 물론 전 세계 독자들이 충격을 받았으니 로맹 가리는 또 다른 필명 '에밀 아자르'라는 이름으로 세상 사람들을 향해 '빅엿'을 날리고 떠난 셈이다. 소설가의 명성과 배경이 아니라 작품 그 자체로 평가받고 싶었던 에밀 아자르, 아니 로맹 가리는 한 작가에게 한 번밖에 수여하지 않는 콩쿠르상을 두 번 받은 유일한 작가가 되었다. 소설 같은 인생을 살았고 세상을 떠난 후에도 숱한 화제를 남긴 로맹 가리가 이 작품을 통해 말하고 싶었던 편견과 차별적 시선에 관한 메시지는 자기 경험과도 무관하지 않다.

성숙한 열네 살 어린 소년 모모는 '어린이'가 아니라 '어른이'다. 자신을 열 살로 착각하며 살아가지만 인생 2회차 같은 모습이다. 장난스럽고 순수한 동심과 타인을 배려하는 어른스러운 태도가 뒤섞인 모모는 독자들의 사랑을 받는 캐릭터다. 로자 아줌마는 창녀의 아이들을 돌보는 대가로 생활하는 독일 유대인 수용소 생존자다. 은퇴한 전직 창녀인 그녀가 돌보는 여러 아이 중에서 특별한 말썽꾸러기이자 위악적인 모습으로 주목받는 아랍인 모하메드가 바로 모모다. 한 건물에 사는 세네갈 권투 챔피언 출신 트랜스젠더 롤라 아줌마, 빅토르 위고를 읽는 하밀 할아버지, 흑인 포주 은다 아메데 등 소설의 인물은 모두 개성 만점이다. 모모에게는 이들이 고단하고 팍팍한 인생, 가난하고 불쌍한 사람들이 아니라 특별하고 따뜻한 이웃이다. 에밀 아자르는 다양한 인물의 삶과 그들의 관계를 모모의 목소리를 통해 묻는다. 도대체 인간은 무엇으로 사느냐고, 세상을 살아가는 힘은 어떻게 얻을 수 있느냐고. 너무 당연해서 생각하지 않거나 알면서도 외면해 버린 문제를 모모가 대신 질문한다. "하밀 할아버지, 사람은 사랑 없이도 살 수 있나요?"

작가의 페르소나인 하밀 할아버지는 소설이 끝나갈 무렵 "사람은 사랑할 사람 없이는 살 수 없다."라고 답한다. 하밀 할아버지의 입을 통해 전달되는 책 속의 책 이야기는 현실적 삶에 대한 지혜이자 충고다. 사회적 편견과 차별적 시선을 거두고 사람과 사물에 깃든 고정관념을 없애고 투명하게 본질을 들여다 보자는 이야기다. 그러나 소설과 인물에 대한 평가에는 타인을 바라보는 각자의 기준과 프레임이 다르게 작동한다.

시간의 일방향성 앞에서 우린 공평하다

이 소설을 '사랑으로 편견과 차별을 극복할 수 있다'라는 도덕적 '한 줄 평'으로 정리할 수 있을까? 우리가 사는 세상은 무지개처럼 다양한 사람들이 모여 산다. 흑인, 유대인, 장애인, 비정규직, LGBT°, 외국인 노동자도 함께 살아갈 이웃이거나 혹은 나 자신이 여기에 속한다. 에밀 아자르는 이들을 통해 특별한 무엇을 보여주거나 주장하지 않는다. 평범한 일상과 조건 없이 건네는 배려와 나눔의 가치를 담담하게 보여줄 뿐이다. 우리도 언제 어디서든 성별, 외모, 인종, 종교, 이념이 다르다는 이유로 차별받을 수 있고, 모모나 로자 아줌마처럼 가난하고 열악한 처지에 놓일 수 있다.

소설에 등장하는 매춘부, 이주 노동자, 고아, 유대인, 아랍인 등 사회적 '타자'에 해당하는 인물들은 죽음을 앞둔 로자 아줌마와 어린 모모의 진심 앞에서 인류애를 발휘한다. 나이와 성

°　　레즈비언(Lesbian), 게이(Gay), 양성애자(Bisexual), 성전환자(Transgender)

별, 출신 배경과 이력, 인종과 종교와 국경을 뛰어넘는 '연대'가 세상을 지탱하는 '사랑'임을 보여준다. 타자와의 거리와 관계 양상이야말로 각자 자기 앞의 생을 점검하는 키워드가 아닐까 싶다. 지나간 시간을 돌이킬 수 없다는 일방향성, 그 진실 앞에서 우리 모두 절대 공평하다. 그러니 과거와 현재가 아닌 미래를 살아야 하는 이유가 분명해 보인다. 모모의 삶도, 우리의 인생도.

치매를 앓다 죽는 로자 아줌마의 임종을 지키며 마지막까지 자기만의 방식으로 사랑을 실천하는 모모의 이야기는 진지하거나 무겁지 않은 문체로 표현된다. 사랑하는 사람을 위해 인내하고 헌신하는 모모는 휴머니즘을 실천하는 성자와 다를 바 없다. 비극의 가장 큰 목적과 효과는 카타르시스 즉, 감정의 정화와 감정의 배설이라지만[4] 로자 아줌마의 죽음으로 마무리되는 이 소설의 결말은 일반적 비극과 차원이 다르다. 생명의 마지막인 동시에 모모 앞에 놓인 생의 시작을 의미한다.

하밀 할아버지가 노망이 들기 전에 한 말이 맞는 것 같다. 사람은 사랑할 사람 없이는 살 수 없다. 그러나 나는 여러분에게 아무것도 약속할 수 없다. 더 두고 봐야 할 것이다. 나는 로자 아줌마를 사랑했고, 아직도 그녀가 보고 싶다.

— 『자기 앞의 생』 중에서

인간은 누구도 자기 삶의 조건을 선택할 수 없다. 부모, 성별, 피부색, 외모는 주어진 숙명이다. 그것으로 인한 편견과 차별은 타인과의 관계를 맺는 일차적 방해 요소다. 모모와 로자 아줌마는 아이와 어른, 남자와 여자, 아랍인과 유대인 등 대립적 요소로 가득하며 공통점을 찾기 어려운 관계다. '나'와 '타인'도 그러하다. 우리는 낯선 사람들과 부대끼며 서로를 포용하고 배려한다. 어쩌면 인간을 매개하는 유일한 연결고리는 인류애, 즉 사랑이 아닐까? 가족, 친구, 연인뿐 아니라 모든 타인은 현실을 견디게 하는 버팀목이 되어 줄 수 있다. 모모는 로자 아줌마에 대한 사랑을 통해 자기 앞의 생과 타인의 삶이 무관하지 않다는 사실을 확인했을 것이다. 에밀 아자르가 독자에게 전하고 싶었던 말이 무엇이든, 이 소설의 마지막 문장처럼 우리는 "사랑해야 한다."

타인의 고통에 대한 공감은 훈련이 필요하다

대개 사랑은 그림자처럼 고통을 동반한다. 때때로 사랑하는 사람이 가장 큰 고통을 주기도 한다. 혈연으로 맺어진 가족, 목숨만큼 사랑했던 연인, 곁에 두고 오래 사귄 친구가 아니라면 괴로울 이유도 없고 고통받을 감정도 없을 것이다. 하지만 고통은 사람마다 그 크기와 부피가 달라 함부로 추측하기 어려우니 적당한 위로조차 마땅치 않은 경우가 많다. 누군가의 고통을 함께 나눌 방법은 없기 때문이다. 고통은 유추할 수 있을 뿐 대신

할 수는 없다. 모모는 어머니 아이샤를 죽인 아버지가 찾아왔을 때, 병든 로자 아줌마의 죽음을 맞았을 때 얼마나 큰 고통과 슬픔을 느꼈을까? 수전 손택은 이 문제를 다루기 위해 냉정한 시선으로 『타인의 고통』을 관찰하고 기록했다.

> 우리는 보통 타인의 기쁨과 아픔을 공감할 수는 있다고 믿지만 그 말은 진실이 아니다. 타인의 고통을 내 방식대로 재해석하거나 유추해서 이해할 뿐, 그 사람이 느끼는 고통의 정도를 측정하거나 공유할 수는 없다. 비극은 여기에서 시작된다.
>
> —『타인의 고통』 중에서

세월호를 타고 떠나 영원히 돌아오지 않는 아이, 이태원 참사 현장에서 잃어버린 친구와 연인, 부모의 임종을 바라보는 자식…. 이들은 영화 속 주인공이 아니라 바로 현실의 우리다. 갑작스러운 사고와 삶의 통과의례처럼 찾아오는 질병으로 죽은 사람들을 바라보는 시선과 개인적 감정은 일반화할 수도 없고 객관적으로 측정하기도 어렵다. 이런 고통은 절대 공유할 수 없다는 수전 손택의 냉정한 진단이 오히려 비극적으로 들린다. 그렇다. 내가 아닌 타인의 고통은 아무리 사랑하는 사람이라도 나누거나 공유할 수 없다. 참혹한 전쟁, 살육 장면을 담은 사진을 볼 때 당신의 마음은 어떤가? 수전 손택은 사진을 통해 이미지로 전해지는 타인의 고통을 점검한다. 내가 아닌 타인의 질병과 고통을 바라보는 관점과 태도는 어떤가?

수전 손택은 "해석은 지식인이 예술과 세계에 대해 가하는 복수다."라고 선언한 『해석에 반하여』, 유방암 판정을 받고 질병은 개인의 통증이 아니라 사회학적 기호라고 주장한 『은유로서의 질병』 등 주목할 만한 논쟁을 일으켰다. 예리한 시선으로 예술과 문화를 비평했고, 타인과 세상을 관찰했던 그녀는 뛰어난 통찰력을 가진 비평가였다. 시대 상황과 맥락을 꿰뚫어 보는 안목과 통찰력으로 인간과 사회를 탐구했으며 무엇이 우리를 인간답게 하느냐는 질문을 멈추지 않았다.

20세기는 폭력의 시대였다고 규정해도 지나치지 않다. 제1차, 2차 세계대전과 홀로코스트, 크메르 루즈가 자행한 킬링필드, 아르메니아인 학살, 보스니아와 르완다 내전 등 '인종 청소' 혹은 '제노사이드'를 직접 경험했던 사람들의 기록과 기억이 선명하다. 특히 1991년 걸프전 당시 미국의 이라크 폭격 장면은 잊을 수 없다. 종군 기자들이 기록한 추악한 전쟁 이미지, 그 폭력의 서사를 통해 타인의 고통을 기술했던 수전 손택과 달리 CNN 방송은 미국의 전투기가 이라크를 폭격하는 장면을 생중계했다. 전 세계 시청자들이 전쟁과 죽음을 실시간으로 목격하기 시작한 것이다. 슬픔과 고통은 화면 밖으로 사라졌고, 시신과 폐허로 뒤덮인 승전보만 울려 퍼지는 듯했다. 수전 손택은 전쟁 이미지를 전하는 사진에 주목하며 타인의 고통을 바라보는 사람들에게 '우리는 괴물이 아니라, 교육받은 계급의 일원'이라고 외친다. '우리가 겪은 실패는 상상력의 실패, 공감의 실패'라고 힘주어 말한다. 우리에게 필요한 건 연민이 아니라 타인의 고통에 대한 공감과 상상력이다.

누군가의 아픔에 공감할 수 있는 능력은 연습과 훈련이 필요하다. 우리가 흔히 말하는 반사회적 성격장애, 즉 소시오패스는 태어나는 게 아니라 만들어진다. 세월호, 이태원 참사를 조롱하는 사람을 떠올려 보자. 이를 '샤덴프로이데 schadenfreude'라고 한다. 독일에서 유래한 이 말은 남의 불행이나 고통을 보면서 느끼는 기쁨을 말한다. 샤덴프로이데를 일으키는 3가지 심리적 원인이 '공격성, 경쟁성, 공평성'과 관련이 깊다는 연구 결과는 주목할 만하다. 우리도 이와 비슷한 의미로 "고소하다", "쌤통이다"와 같은 말을 할 때가 있다. 장난 혹은 작은 복수심과 달리 타인의 고통을 상상하지도, 공감하지도 못하는 사람들을 향해 수전 손택은 "고통받는 육체가 찍힌 사진을 보려는 욕망은 나체가 찍힌 사진을 보려는 욕망만큼이나 격렬한 것"이라고 경고한다.

혹시 타인을 향해 쏜 적은 없는가

수전 손택의 경고는 지금도 계속된다. 2025년 2월 28일 미국의 폭격으로 수업 중이던 이란의 여자 초등학생과 교사 175명이 사망했다. 나와 내 가족이 아니면 괜찮을까, 단지 먼 나라에서 벌어지는 일이니 상관없을까? 타인의 고통을 담은 사진이나 영상을 바라볼 때 사람들은 어떤 생각을 하는지 궁금하다. 수전 손택은 카메라를 총에 비유하며 피사체를 쏜다고 표현한다. 사진 기자, 방송 카메라가 담아내는 사건 사고 현장, 기아와 자연재해 등 뉴스와 다큐멘터리가 차고 넘친다. 이를 소비하는 우리는 샤덴프로이데를 느끼는가, 아니면 그 상처와 고통을 상상하며 불편해하는가? 수전 손택은 잔혹한 사진들을 끊임없이 제시하며 이를 바라보는 현대인에게 묻는다. 혹시 타인을 향해 카메라를 쏜 적은 없는지, 타인과 나는 무관한 존재로 살아갈 수 있는지. 그것은 윤리와 양심의 문제가 아니라 바로 '나'의 생존과 직결된 문제가 아니냐고, 이대로 괜찮으냐고.

모모가 로자 아줌마의 고통에 공감하는 게 오히려 이상해 보인다. 하밀 할아버지와 롤라 아줌마도 공통점을 찾을 수 없다. 하지만 가난하고 불쌍한 소설 속 등장인물들을 굳이 하나의 범주로 묶는다면 공감 능력이다. 연민을 넘어선 인간에 대한 사랑과 우정이 타인의 고통에 공감할 수 있는 능력의 근원이다.

나와 다른 타인을 완전히 이해하거나 안다고 말할 수 있는 사람은 없을 것이다. 부모, 연인, 친구라도 마찬가지다. 우리는 모모와 로자 아줌마의 관계를 들여다보며 수전 손택의 말에 귀 기울여 볼 뿐이다. 어차피 내가 너를, 네가 나를 온전히 이해할 수 없으니 '나'와 '너'는 다르며 같을 수도 없고 같아서도 안 된다는 사실을 받아들여야 한다.

타인을 향한 공감이 곧 타인에 대한 존중이며 연대와 배려, 사랑을 향해 나아가게 한다. 언제나 그렇듯 인생에 정답은 없지만 타인과 함께하는 자기 앞의 생은 지금부터 시작해야 한다.

'다름'에 관용을 붙여넣기

『앵무새 죽이기』

To Kill a Mockingbird (1960)

하퍼 리
(Harper Lee, 1926-2016)

미국의 작가 하퍼 리의 소설로 출간된 다음 해 퓰리처상을 수상했다. 미국 남부에서도 인종 차별이 제일 심했던 앨라배마주를 배경으로 삼았으며 미국인이 가장 사랑하는 소설로 꼽힌다. 작품은 억울하게 범죄자로 몰린 흑인 청년을 변호하는 백인 아버지의 이야기를 어린 딸 스카웃의 순수한 시선으로 담아냈다. 아무런 해를 끼치지 않는 새를 죽이는 것이 죄이듯 편견에 사로잡혀 무고한 약자를 괴롭히는 사회의 폭력을 고발하며 진정한 용기와 정의가 무엇인지를 보여준다.

『관용론』

Traite Sur La Tolerance (1763)

볼테르
(Voltaire, 1694-1778)

18세기 프랑스 계몽주의를 이끈 철학자 볼테르는 편견과 미신에 맞서 싸운 위대한 사상가이다. 종교가 다르다는 이유로 억울하게 처형당한 장 칼라스 사건을 계기로 쓰인 이 책은 맹목적인 믿음이 낳은 끔찍한 폭력을 비판한다. 특유의 날카로운 풍자와 논리적인 글로 당시 부패한 권력을 꼬집으며 여론을 움직인 역사적인 기록이다. 나와 다른 생각을 하는 사람을 존중하고 받아들이는 '관용'이 왜 중요한지 주장하여 차별 없는 사회를 만드는 밑거름이 되었다.

◐   어린아이가 말문이 터지면 어른들의 말을 따라 한다. 그 의미를 잘 알지 못하고 적절하게 활용하지도 못하지만 아이들은 'Ctrl+C'와 'Ctrl+V'를 반복하며 차츰 상황에 맞게 말하는 법을 터득한다. 그전까지 아이들은 어른의 말을 흉내 내는 게 아니라 들리는 소리를 녹음기처럼 복사해서 재생하는 앵무새 **parrot**와 같다고 할까?

책 제목이 『앵무새 죽이기』로 번역된 소설 원제는 'To Kill a Parrot(앵무새 죽이기)'가 아니라 'To Kill a Mockingbird(흉내지빠귀 죽이기)'이다. 흉내지빠귀**mockingbird**는 주로 다른 새의 울음소리를 흉내 낸다. 앵무새와 비슷해 보이지만 '참새목'에 속하는 흉내지빠귀는 앵무새와 생물학적으로 다른 종이다. 하퍼 리는 사회적 관습과 편견에 따라 생각 없이 타인을 차별하고 혐오하는 네 안의 흉내지빠귀를 돌아보라는 의미로 제목을 지었으리라. 순수하고 무해한 새 "흉내지빠귀를 죽이는 건 죄악이야."라는 애티커스의 말대로 아무 잘못 없이 차별받는 사람들을 흉내지빠귀에 비유했을 수도 있다. 이 또한 타인과의 관계에서 편견이 곧 죄악이라는 의미로 읽힌다.

『앵무새 죽이기』는 1960년, 출간되자마자 베스트셀러가 되었고 이듬해 퓰리처상을 받을 정도로 주목받았다. 이 소설은 기막힌 서사와 숨 막히는 구성, 아름다운 문체가 돋보인다. 미국 역사의 본질적 문제를 꿰뚫는 문제의식 때문이었을까? 미국인에게 『성경』 다음으로 '가장 영향력 있는 책'으로 평가받는다. 그 이유는 우리 삶을 관통하는 상처와 고통이 되는, 즉 타자와의 관계성, 사회 구조적 모순, 우연히 찾아온 인생의 부조리를 다뤘기 때문일 것이다. 또한 차별과 혐오 문제를 정면으로 직시한 덕분에 수많은 사람의 공감을 얻었고 21세기에도 여전히 긴 여운이 남는다. 『앵무새 죽이기』가 한창 읽힐 무렵인 1964년, 미국은 베트남을 침공했다. 침략 전쟁의 본질을 사상과 체제가 다르다는 이유로 포장했으나 베트남 전쟁은 또 다른 '흉내지빠귀 죽이기'에 불과했다. 그럴듯한 명분으로 계속되는 미국의 남미, 중동을 향한 폭격과 전쟁은 여전히 진행형이다. 이렇게 사회적 맥락과 시대정신은 소설을 읽는 관점과 태도를 결정하기도 한다.

차별과 혐오를 흉내 내는 네 안의 편견을 돌아보라

여섯 살 화자인 스카웃은 자신보다 네 살 더 많은 오빠 젬과 변호사인 아버지 애티커스 핀치와 함께 산다. 백인 여성 강간 사건의 피의자 톰 로빈슨의 이야기가 어린 화자의 시선으로 전해진다. 『자기 앞의 생』의 모모와 달리 스카웃의 시선은 사건을 객관화한다. 흑인이자 왼쪽 팔을 쓸 수 없는 장애인 톰 로빈슨은 이중 차별을 견뎌야 하는 존재다. 아내 헬렌의 남편이자 세 아이의 아버지인 톰은 재판을 통해 누명을 벗을 수 있을까? 소설 곳곳에 비밀이 숨어 있고 사건을 바라보는 서로 다른 시선들이 교차하지만, 스카웃은 언젠가 아빠는 나에게 형용사를 몽땅 빼버리고 나면 사실만 남게 된다고 말씀하신 적이 있다며 어른들의 편견과 차별에 의문을 품는다. 이해관계와 확증편향이 복잡하게 곁들여진 편견과 착각이 진실을 가린다. 본질을 파악하는 통찰력, 비판적 관점은 나이를 먹는다고 저절로 생기지 않는다는 점에서 어른들을 향한 스카웃의 질문과 담담한 목소리는 울림이 크다.

흑인 강간 피의자 톰 로빈슨뿐만 아니라 흑인 아내를 둔 백인 남성 돌퍼스 레이먼드, 사고를 친 아들 때문에 칩거하는 부 래들리 또한 흉내지빠귀 같은 존재다. 다른 사람들에게 피해를 준 적이 없는데도 세상의 편견으로 사회적 죽음을 선고받은 사람들이다. 우리 주변에도 흉내지빠귀 같은 사람들이 늘 존재한다. 알면서 외면할 수도 있겠으나 차별과 혐오는 바로 그 침묵과 외면에서 시작된다.

선량한 차별주의자는 저절로 만들어지지 않는다. 공동체의 문화와 전통, 관습적 태도가 고정관념과 편견을 만든다. 타인을 판단하는 기준과 관점은 사회화 과정을 통해 학습된다. 스카웃이 사는 세상도 크게 다르지 않았다. 1930년대 앨라배마강 근처의 한 마을을 배경으로 펼쳐지는 이 소설은 미국 사회의 당대 현실을 그대로 보여준다.

아마 작가 하퍼 리는 1931년 미국 사회를 뒤흔든 실제 사건을 모티브로 삼았을 것이다. 미국 사회의 단면을 보여주는 일명 스코츠보로 사건. 테네시주에서 앨라배마주로 가던 열차에서 흑인 청년 9명과 백인 청년 2명, 백인 여성 2명 사이에 싸움이 벌어졌고 스코츠보로에서 흑인 10대들이 끌려 내려온다. 싸움을 벌인 일행 중 백인 여성들이 강간당했다는 거짓 주장으로 무려 20년간 재판이 벌어졌다. 1955년 앨라배마주 몽고메리시에서 벌어진 '로자 파크스의 버스 보이콧 사건', 오서린 루시의 '앨라배마대학 등록 포기 사건' 등 20세기 미국 사회의 현실은 작가에게 큰 영향을 주었을 것이다. 『앵무새 죽이기』는 인종 차별뿐만 아니라 인류의 삶에서 사라진 적이 없는 편견과 혐오라는 문제를 돌아보게 한다.

누구든 그 자리에 설 수 있다

뿌리 깊은 흑인 혐오, 타인에 대한 편견은 여섯 살 소녀 스카웃의 시선 앞에서 민낯을 드러낸다. 그러나 어른들의 뒤통수를 보고 자란 아이들이 어느 날 갑자기 관습적 사고에서 벗어나기를 기대하기는 힘들다. 타인을 향한 시선과 태도는 한 사회의 문화와 전통을 만든다. 이념과 생각이 다르다는 이유로 서로 갈등하고 혐오하는 모습을 보고 자란 아이들의 미래는 어떨까?

편견과 차별과 혐오의 대상은 태어나는 게 아니라 만들어진다. 언제든 누구든 관찰자인 '스카웃'이 아니라 피해자인 '톰'이 될 수도 있다.

소설 후반부에 스카웃이 처음으로 부 래들리 집 앞에서 자기 집과 이웃집들을 바라보는 장면이 인상적이다. 서 있는 곳이 바뀌면 풍경도 달라지는 법이다. 직책이 사람을 만들고 관점과 태도를 변화시킨다. 수십 년간 아이들만 바라보며 교사로 일했던 분이 교장이 되자 교실과 복도 천장의 거미줄만 보이더라는 이야기는 우스갯소리로만 들리지 않는다. 알바를 할 때와 손님으로 식당에 갈 때, 운전할 때와 횡단보도를 건널 때, 신입사원일 때와 후배가 생겼을 때 생각이 바뀌고 사람이 변한다. 상황과 맥락에 따라 타인을 판단하는 기준도 달라진다. 하퍼 리는 '상대방의 입장이 되어' 보려는 최소한의 노력이 타인에 대한 최소한의 예의라고 말하는 듯하다. 사회적 관계의 기본이 '존중과 배려'라는 사실을 모르는 사람은 없지만 제대로 실천하는 사람은 생각보다 드물다.

성별, 외모, 종교, 국적 등 나와 다른 사람들에 대한 태도는 인류 역사에서 아주 오래전부터 관심과 논쟁의 대상이었다. 1장에 소개된 '인간에 대한 오해'에서 살펴보았듯 우생학과 골상학, IQ 테스트에 이르기까지 근대 이후에도 편견을 조장하거나 합리화하는 문화는 쉽게 사라지지 않았다. 구별 짓기는 우리들의 오래된 습성일까, 고칠 수 없는 질병일까?

전통적인 권위와 낡은 가치에 대항해 치열한 투쟁이 전개됐던 18세기 유럽을 후세대는 계몽주의 시대라 부른다. 구체제의 권위에 도전하며 좀 더 인간다운 삶을 위한 싸움에 사용된 무기는 '보편적 이성과 합리주의'였다. 인간의 자유와 존엄을 억압했던 낡은 가치 체제가 무너지고 개인의 행복이 새로운 가치로 자리 잡으며 근대 시민사회가 확립되었다. 이때 선봉에 선 사상가 중 한 명이 볼테르다.

볼테르는 문학 살롱을 드나들며 비극과 시를 쓰기 시작했고, 궁정에서 주목받으며 프랑수아 마리 아루에라는 평민의 성과 이름을 버리고 스스로 '드 볼테르^{de Voltaire}'가 되었다. 그러나 귀족들과 갈등으로 억울하게 바스티유 감옥에 투옥되었다가 풀려나며 불평등과 전제정치의 폐습을 절감했다. 이후 영국에 머물며 가톨릭과 개신교 간 종교 전쟁에 관한 시를 썼고 프랑스 정치 체제를 비판했다. 소설, 수필, 우화 등 여러 작품을 발표한 작가이지만 역사는 그를 철학자, 사상가로 기억한다.

우리는 연약하고 무지하므로

1761년 10월, 툴루즈의 평범한 상인 장 칼라스의 아들 마크 앙투안이 집에서 자살한 사건이 벌어진다. 가톨릭 신자들은 개신교 신자인 장 칼라스가 가톨릭으로 개종하려는 아들을 살해했다고 모함했다. 칼라스 가족이 모두 체포되어 신문을 받았고, 자살이 심각한 범죄였던 당대의 법 때문에 가족들은 앙투안이 살해됐다고 진술했다. 1762년 3월 9일, 결국 아버지 장 칼라스는 아들을 살해한 혐의로 수레바퀴에 묶여 사지가 찢기는 참혹한 죽음을 맞는다. 이듬해인 1763년 볼테르는 『관용론』을 발표했다.

장 칼라스 사건을 개관하며 시작하는 『관용론』은 16세기 종교개혁, 종교의 자유는 물론 고대 그리스와 로마인들을 소환하며 관용과 불관용에 대한 치열한 논쟁을 다룬다. 이는 결국 종교 갈등과 박해의 역사와 다름없다. 예수 그리스도가 가르친 관용을 망각한 유대교, 가톨릭, 개신교의 불관용을 신랄하게 비판한 것이다. 볼테르는 심각한 종교 갈등으로 참혹한 전쟁과 살육이 반복되는 당대 현실에 '관용'을 제시했다. '용서' 혹은 '너그러운 태도'라는 뜻의 '톨레랑스', 즉 '관용'은 성별, 나이, 인종, 종교, 학력, 직업, 장애, 성적 지향, 출신 지역 등에 따라 차별하지 않고 다양성을 인정하는 태도다. 계급의 이익과 종교적 도그마에서 벗어나 이성의 힘으로 인간의 행복과 가치를 따져 묻는 볼테르의 목소리는 여전히 감동적이다.

우리가 따르는 도덕에 반해 행동하게 되는 이유는 가르치는 내용과 어긋나게 행동하는 것이 이득이 된다고 생각하기 때문이다. 그러나 우리와 종교적 믿음을 함께 하지 않는 사람들을 박해해 그들이 우리를 증오하게 하는 것은 아무런 이득도 가져오지 않는다. 그러므로 다시 한번 말하건대, 종교적 불관용은 어리석음의 소산이다.

— 『관용론』 중에서

문명의 충돌은 피할 수 없으며 국가와 민족이 다르다는 이유로 전쟁까지 벌인다. 이해관계가 얽힌 개인은 말할 필요도 없다. 우리는 여전히 생각과 이념과 종교가 다른 상대를 인정하지 않으려 한다. 볼테르는 그 모든 어리석음에서 벗어나라고 주문한다. 앨라배마에서 벌어진 흑인 장애인 톰 로빈슨 재판과 개신교도 장 칼라스 재판은 무관한 일일까? 그 재판을 바라봤던 볼테르, 애티커스와 스카웃은 전혀 다른 시간과 공간에서 같은 목소리를 내고 있다. 인터넷에 퍼붓는 저주와 증오 댓글, 아파트 단지별로 친구를 제한하는 부모, 계속되는 정치 테러와 여성 혐오 범죄 등은 먼 옛날 볼테르 시대의 이야기가 아니라 타인과의 관계를 보여주는 우리의 현실이 아닌가?

자연은 우리 인간을 향해 이렇게 말합니다. "당신네 모두는 연약하고 무지한 존재로 태어나 이 땅 위에서 짧은 시간을 살다가 죽어 그 육체로 땅을 비옥하게 할 것이오. 당신들은 연약한 존재이므로 서로를 도우시오. 당신들은 무지하므로 서로를 가르치고 용인하시오. 만약 당신들 모두가 같은 의견이고—그렇게 될 경우란 분명 없겠지만—단 한 사람만이 반대 의견이라면 여러분은 그 사람을 용서해야 하오. 왜냐하면 그가 그렇게 생각하는 데는 여러분 각자가 책임이 있기 때문이오.”

—『관용론』 중에서

『다정한 것이 살아남는다』에서 브라이언 헤어와 버네사 우즈는 불관용이 ‘닫힌 마음’과 ‘무지의 소산’이라고 지적하며 사람들은 변할 수 있다고 말한다. 현실을 희망 어린 눈으로 바라보면 ‘다름’은 나름대로 지키면서도 관용이 없는 사람들에게는 교육을 통해서 관용을 심어줄 수 있다고 주장한다.

희망을 잃지 않는 일, 교육을 통해 관용적인 아이들을 기르는 일, 인간은 연약하고 무지한 존재라는 사실을 인정하며 차이를 인정하는 일은 불가능하거나 어려운 일이 아니다. 조금 더 나은 세상을 만들 수 있다는 희망으로 주변에 흉내지빠귀를 살피며 톨레랑스를 실천하는 사람들이 점점 늘어가기를….

너무 멀지도 지나치게 가깝지도 않게

『페스트』

La Peste (1947)

알베르 카뮈
(Albert Camus, 1913-1960)

알제리의 가난한 어린 시절을 딛고 1957년 노벨문학상을 받은 알베르 카뮈는 이해할 수 없는 가혹한 세상 속에서 인간이 어떻게 살아야 하는지 끊임없이 질문한 작가이다. 끔찍한 전염병인 페스트가 휩쓸며 바깥세상과 완전히 단절된 도시에 갇힌 평범한 사람들의 이야기를 그렸다. 이유도 모른 채 죽음의 공포와 싸워야 하는 극한의 상황에서 저마다의 방식으로 위기를 견뎌내는 다양한 인물의 모습이 생생하게 펼쳐진다. 피할 수 없는 재난 앞에서도 절망하지 않고, 연대하며 묵묵히 자신의 자리를 지키는 사람들의 모습이 감동을 준다.

『고독한 군중』

The Lonely Crowd (1950)

데이비드 리스먼
(David Riesman, 1909-2002)

20세기 미국의 사회학자 데이비드 리스먼은 사람의 성격이 사회에 따라 어떻게 변하는지 주목했다. 이 책은 다른 사람의 시선에 얽매여 살아가는 현대인의 모습을 '타인지향형'이라는 개념으로 설명한다. 무리 속에 있으면서도 깊은 관계를 맺지 못해 느끼는 외로움과 불안을 날카롭게 짚어낸다. 유행과 남의 인정에만 매달리다 진짜 내 모습을 잃어가는 일상을 뼈아프게 돌아보게 한다. 체계적이고 비판적인 시각으로 현대 사회의 쓸쓸한 풍경을 명쾌하게 분석해 큰 공감을 받았다.

◎　21세기에 발생한 코로나는 전 세계를 공포에 떨게 했다. 일시 멈춤 버튼을 누른 것처럼 일상을 마비시켰고 비대면 '언택트'를 넘어 온라인 대면방식인 '온택트' 시대를 열었다. 다양한 전자장비와 네트워크로 무장한 인류의 질병 대처 능력은 상상을 초월할 만큼 향상됐으나 감염병 환자를 바라보는 시선과 태도는 중세 흑사병 시절과 크게 다르지 않았다. 감염병 초기 코로나 확산 방지를 위해 정부가 접촉자를 추적하면서 개인 정보 유출, 사생활 침해로 이어지는 부작용을 낳은 것처럼 질병의 진단과 처방보다 그 원인과 대책을 바라보는 여러 가지 시선들이 교차할 때 공동체는 어떻게 반응할까? 질병의 전염성이 강할수록 감염된 사람들을 향한 시선은 더욱 차갑다. '은유로서의 질병'은 결핵과 암뿐 아니라 한센병이나 백혈병부터 에이즈와 코로나까지 다양한 사회적 상징을 갖는다. 의학적 관점이 아닌 이런 사회적 관점이 반영된 소설이 바로 알베르 카뮈의 『페스트』이다.

1913년, 프랑스 식민지 알제리로 이주한 노동자의 아들로 태어난 카뮈는 제1차 세계대전으로 징집된 아버지를 잃고 가정부로 일하는 할머니와 어머니 손에서 가난하게 자랐다. 뛰어난 재능을 눈여겨본 초등학교 선생님 루이 제르맹 덕분에 공부를 계속했고 고등학교 때 평생의 은사 장 그르니에를 만났다. 고질병인 결핵으로 고생했고 여러 직업을 전전하며 뒤늦게 알제 대학교에서 철학 학사 학위를 받았다. 44세에 노벨문학상을 받은 카뮈는 자신만의 철학 세계를 소설로 보여준 작가라고 해도 과언이 아니다.

모든 인간은 생에 대해 강한 의지를 갖고 태어난다. 카뮈는 살고 싶은 욕망, 세상을 이해하려는 태도가 아니라면 고통을 느낄 이유가 없다고 생각했다. 제2차 세계대전으로 전통과 질서가 무너지고 과학적 진리와 이성이 모두 의심받는 '부조리' 상황에 직면했다. 카뮈는 기존의 신념 체계와 믿음이 무너졌다고 해서 '자살'을 선택할 수는 없다고 목소리를 높였다. 이 부조리를 극복하는 방법으로 '반항, 자유, 열정'을 제시했다.[5] 소설의 배경인 알제리 해안 프랑스의 도청 소재지 오랑에 갇힌 사람들을 통해 카뮈는 이를 증명하려 한다. 화자인 의사 베르나르 리유, 신문기자 레이몽 랑베르, '보건대'를 조직하는 장 타루가 온몸으로 실천한 "나는 반항한다, 고로 존재한다."라는 사실, 그것만으로도 이 소설을 읽을 이유가 충분하다.

사회적 거리는 곧 마음의 거리

페스트, 일명 '흑사병'은 신체 말단이 괴사하면서 실제로

피부와 근육이 검은색으로 변한다. 페스트는 14세기 2차 대유행 당시 세계 인구 4분의 1에 해당하는 2,500만 명이 사망할 만큼 공포 그 자체였다. 1855년부터 100여 년간 이어진 3차 대유행 기간에 1,500만 명이 사망했다. 페니실린을 발견한 후 항생제와 백신이 개발되고 치료제가 갖춰진 21세기에는 상상하기 어려운 위력을 가진 감염병이다.

코로나 사태를 경험한 현대인은 지나간 역사가 소환되는 느낌으로 카뮈의 『페스트』에 다시 귀를 기울인다. 소설의 이야기는 단순하다. 조용한 해안 도시 오랑에 죽어가는 쥐 떼가 발견된다. 정부 당국은 페스트라고 선포하고 도시를 봉쇄한다. 주인공 리유를 비롯해 목숨을 걸고 페스트와 싸운 사람들 덕분에 페스트가 사라지고 이듬해 사람을 가득 실은 열차가 도착하자 생기를 회복하며 다시 삶이 계속된다는 이야기다.

카뮈는 '194×년 알제리 해안 프랑스의 도청 소재지 오랑, 4월 16일 아침'이라는 구체적 시간과 공간을 제시한다. 작가는 치밀하게 묘사된 가상의 세계를 창조하여 소설과 실제를 구별할 수 없도록 만들었다. 현실 어디에나 존재할 만한 평범한 오랑시는 페스트 전염이 시작된, 비상사태가 선포된 절망의 도시가 아니라 또 다른 무언가에 감염된 위기의 도시다. 오랑은 적자생존, 각자도생의 현실, 경쟁과 생존을 위한 투쟁의 현장이다.

제2차 세계대전 직후 발표한 이 소설에서 카뮈는 전쟁이나 페스트 같은 극한 상황에 처한 인간의 공포와 반응에 주목했다. 신의 뜻으로 치부하는 파늘루 신부, 방문객으로 자기와 상관없는 일이라는 랑베르 기자와 달리 타루는 자원봉사자들로 '보건대'를 조직한다. 맞서 싸우겠다는 타루의 결기가 놀라운 건 오랑이 고향도 아니고 공명심 또한 없기 때문이다. 삶은 이렇게 '자기 앞의 생'을 극복하고 개척하는 사람들에게 손을 내민다. 카뮈는 이들을 통해 각자 자기 삶의 주인으로 거듭나라는 격려와 위로를 건넨다. "왜냐하면 어떤 한 도시를 아는 편리한 방법은 거기서 사람들이 어떻게 일하고 어떻게 사랑하며 어떻게 죽는가를 알아보는 것이다." 카뮈가 말한 대로 우리가 사는 도시에서 일하고 사랑하며 죽어가는 모습이 바로 우리의 자화상이기 때문이다.

희망과 저항이 부조리한 삶을 극복하는 유일한 방법이다. 진정한 '저항'은 자기 운명에 맞서는 일, 중요한 것은 '부조리'에 꺾이지 않는 마음, 끝끝내 버티고 이겨내려는 의지다. 페스트와 싸우다 죽은 사람들이든 끝까지 싸워 이겨낸 사람들이든 그들이 겪은 고통과 슬픔은 다르지 않다.

> 내가 확실히 알고 있는 것은, 사람은 제각기 자신 속에 페스트를 지니고 있다는 것입니다. 왜냐하면 세상에서 그 누구도 그 피해를 입지 않는 사람은 없기 때문입니다. 늘 스스로 살펴야지 자칫 방심하다가는 남의 얼굴에 입김을 뿜어서 병독을 옮겨 주고 맙니다.
>
> —『페스트』중에서

코로나 이후 '거리 두기'는 상식이 되었다. 그것은 상대를 배려한 사회적 거리뿐 아니라 일방적인 기대와 원망이 불가능한 마음의 거리이기도 하다. 지나치게 가까워도, 너무 멀어도 불편하다. 가족, 연인, 친구 등 관계마다 각기 다른 거리 두기가 인생의 '희로애락'을 결정한다. 현재 맺고 있는 거리에 대한 보정값이 우리를 보호하는 백신이 아닐까? 타인과의 거리 두기는 홀로 선 개인이 자기 삶의 주인으로 살기 위한 필수 조건이다.

타인에 대한 레이더를 멈출 수 없는 사람들

인간은 누구나 타인과의 '관계'를 통해 기쁨과 슬픔, 행복과 불행, 삶과 죽음을 나눈다. 오랑의 시민들이 그러했고 현실 속의 우리도 다르지 않다. 그러나 수많은 사람 속에 둘러싸여 있어도 고독은 어쩔 수 없다. 사람들과 어울려 웃고 떠들며 즐겁게 시간을 보내고 SNS에서 수천 명의 이웃, 팔로우들과 소통하며 지내면서도 내가 누구인지, 타인과의 관계는 어떠해야 하는지 고민하지 않는 사람이 없다.

이런 현대인을 어떤 유형으로 분류할 수 있을까? 5060세대, MZ세대 등 비슷한 연령대 사람들을 하나로 묶는 세대론은 '동일성'보다 '차이'가 더 많아 동의하기 어렵다. 세대가 아닌 시대별로 사람들을 몇 가지 유형으로 구분하는 것도 성급한 일반화가 될 수 있다. 다만 시대정신과 사회적 상황을 이해하는 데 도움받을 수는 있다. 1950년 미국의 사회학자 데이비드 리스먼은 『고독한 군중』에서 인류의 역사 시기와 인구 변동을 토대로 인간의 성격과 사회유형을 아래와 같이 분류했다.[○]

	시기	인구 통계학	경제 3분법
전통 지향	중세 시기	잠재적 고도성장	1차 산업(농업, 어업, 광업)
내부 지향	17~19세기	과도적 성장	2차 산업(제조업)
타인 지향	20세기 초, 중반	초기적 인구 감퇴	3차 산업(상업, 통신, 서비스업)

'전통지향형 사회'는 계급의 이동 가능성이 매우 낮고, 가족제도와 혈연 조직에 대한 의존도는 높으며 가치관의 구속력이 매우 엄격하다. 개인은 제도화된 역할에 귀속되며 창의성이나 개성을 발휘할 수 있는 폭이 제한적이다. 전통이 개인의 활동을 지배하며 개인은 자신과 가족, 집단 사회로부터 심리적 분리 없이 순응한다.

'내부지향형 사회'는 봉건주의가 무너진 르네상스, 종교개혁 이후의 시기로 혈연적 속박에서 벗어나 사회 구성원의 유동성이 증가하고 새로운 생활 환경에 신축성이 생긴다. 그리스적 합리성, 기독교적 도덕이 결합한 프로테스탄트 윤리가 지배하는 사회이기도 하다. 또한 급속한 자본 축적으로 합리주의, 개인주의가 자리 잡으며 개인이 독립적으로 자기 삶을 지배한다고 느낀다.

'타인지향형 사회'는 물질적 풍요와 여가 시간이 증가하지만, 중산층 계급은 개인의 창의성보다 사회 구성원들이 가하는 압력, 동료 집단이 중요해진다. 매스 미디어의 발달로 타인과의 접촉을 유지하는 행위가 개인을 철저한 순응형 인간으로 만든다. 이들의 주된 지향점은 동시대 타인들이며 외부 환경에 따라 처신을 바꾸는 등 정서적 불안을 안고 산다.

우리는 사회적 가면인 여러 개의 '페르소나'를 갖고 산다. 다른 사람들의 눈에 비친 개인의 모습은 각각의 역할에 맞게 연기하는 배우처럼 타인과의 관계와 상황에 따라 조금씩 다르다. 데이비드 리스먼은 전통지향형, 내부지향형 인간에서 타인지향형 인간으로 변화하는 현대인의 성격을 설명하며 이것이 정치, 사회와 개인의 자율성에 미치는 영향을 분석했다. 그러나 '사회적 성격'은 복잡하고 모호한 개념으로 개인을 하나로 규정하기 어렵다. 사람들은 보통 이 세 가지 성격 유형을 모두 가지고 있다. 대략적이고 추상적인 사회적 성격은 우열을 가릴 수도 없다. 이를 통해 우리가 주목해야 하는 것은 오늘을 사는 '나'에 대한 성찰이다. 타인과의 관계와 거리를 생각하고 자기 삶의 방법과 태도를 고민하고 있다면 데이비드 리스먼이 타인지향형 인간을 왜 '고독한 군중'이라고 명명했는지 충분히 이해할 수 있을 것이다.

데이비드 리스먼은 현대인의 성격을 전통, 타인, 내부 지향형으로 분류한 후 무엇보다 '자율성'을 강조했는데 이를 기준으로 다음과 같이 설명했다. 성격 유형과 상관없이 사람들은 대부분 '적응형'에 속한다. 이에 비해 '자율형' 인간은 그 사회의 행동 규범에 순응하는 능력이 있으나 그에 순응할지 말지 자유롭게 선택한다. '무 규제형'은 사회적 행동 규범에 순응하는 능력 자체가 없는 사람이다. 실제 사람들은 세 가지 요소를 조금씩 갖고 산다. 그래서 가족 간의 관계, 연인과 친구 사이, 학교와 직장에서 적응하며 자율적으로 선택하고 때로는 규범에서 벗어나기도 한다. 위험한 건 지나치게 순응하는, 타인을 향한 레이더를 멈출 수 없는 사람들이다. 이들은 지나친 적응 노력이 부적응의 원인이 될 수도 있다는 사실을 자주 잊어버린다. '나'는 괜찮을까, 혹시 '타인'을 향한 촉수가 지나치게 예민하게 작동하는 건 아닐까? 고민스럽다.

자율적인 인간은 군중 속에서 고독하지 않다

우리는 4차 산업혁명 시대를 넘어 이제 인공지능과 휴머노이드 로봇 시대를 준비해야 한다. 치열한 경쟁을 피할 수 없고 생존 위기에 처한 대부분의 현대인, 즉 타인지향형 성격의 소유자들은 순응에 열중하기 쉽다. 이럴 때 사회에 적응하려는 노력, 타인과 원만한 관계를 맺으려는 태도가 도리어 나를 무너뜨리고 있는 건 아닌지 살펴야 한다. 데이비드 리스먼은 군중 속에서 고독한 이들을 향해 자율적 인간, 즉 주체적인 인간이 될 것을 제안한다.

타인지향형 인간은 만약 자신이 얼마나 불필요한 일을 하고 있
는가, 그리고 자기 생각이나 생활 그 자체가 타인들의 그것과 마
찬가지로 얼마나 흥미로운 것인가를 알아차리게 된다면 그들은
더 이상 군중 속의 고독을 동료 집단에 의지하여 애써 누그러뜨
리지 않아도 될 것이다. 개개의 인간은 저마다 그 내부에 무한한
가능성을 가지고 있다. 그러한 상태가 되었을 때 인간은 자신의
실제 감정과 포부 등에 보다 많은 관심을 갖게 될 것이다.

—『고독한 군중』 중에서

결국 자기 안의 가능성에 도전하며 생의 감각을 느껴보라
는 조언이다. 취재차 오랑에 잠시 들렀다가 발이 묶인 파리 신
문사 기자 랑베르는 '나는 이 고장 사람'이 아니라고 항변하며
필사적으로 탈출을 시도하다가, "나는 떠나지 않겠어요. 여러분
과 함께 있겠어요", "이 사건은 우리 모두와 관련된 거였어요."
라며 도시에 남아 페스트와 싸우기로 결심한다. 자원봉사자 조
직을 만들어 페스트와 싸우는 타루도 오랑 시민이 아니다. 이들
은 인류애를 가슴에 품은 영웅도, '무 규제형' 인간이 넘칠 수밖
에 없는 상황에서 생존을 위한 경쟁에 매몰되는 '적응형' 인간
도 아니다. 페스트와 싸우는 유일한 방법은 성실이라고 믿으며
묵묵히 의사 직분에 충실한 리유와 함께 스스로 자기 삶의 태도
를 선택한 '자율형' 인간이라고 볼 수 있다. 페스트와 맞서 싸운

사람들은 '희망'의 반대말인 '두려움'을 극복한 사람들이다. 타인지향형이지만 순응하기보다 자율적으로 자기 삶을 선택한 자유인이다.

19세기 중반 현대인의 일상과 태도를 정확히 분석해서 주목받은 『고독한 군중』이 21세기에도 의미가 있는 이유는 우리의 삶이 크게 바뀌지 않았고, 인간의 본성 또한 크게 달라지지 않았기 때문일 것이다. 사람과 사람 사이의 '거리 두기'는 각자의 기준과 상황에 맞게 실천해야 하는 관계의 본질이다. 주체적이고 자율적인 인간은 군중 속에서도 고독하지 않다. 오히려 고독한 군중을 객관적으로 바라볼 수 있다.

3장

사랑이 우리를 구원할까

낭만적 사랑은 오해다

『참을 수 없는 존재의 가벼움』

L'insoutenable légèreté de l'être (1984)

밀란 쿤데라
(Milan Kundera, 1929-2023)

세계적인 작가 밀란 쿤데라는 체코에서 태어났지만 고국의 억압을 피해 프랑스로 망명하여 글을 쓴 소설가이다. 이 책은 1968년 민주화 운동인 '프라하의 봄'을 배경으로 네 남녀의 복잡하게 얽힌 사랑을 그린 그의 대표작이다. 역사의 소용돌이에서 한없이 가벼운 쾌락만 좇는 삶과 책임감을 짊어진 삶 사이의 갈등을 섬세하게 짚어낸다. 특히 단 한 번뿐인 인생이기에 깃털처럼 가벼워질 수밖에 없는 인간 존재의 덧없음을 예리하게 파고든다. 우리 삶의 무게와 진짜 사랑이 무엇인지 철학적인 질문을 던진다.

『사랑의 기술』

The Art of Loving (1956)

에리히 프롬
(Erich Fromm, 1900-1980)

20세기 세계적인 정신분석학자이자 사회철학자 에리히 프롬이 인간 내면과 사회 구조를 깊이 연구한 책. 자신의 철학을 대중에게 쉽게 전하기 위해 쓴 이 책은 34개 언어로 번역되어 수백만 부가 팔린 세계적인 베스트셀러이다. 사랑을 우연히 빠져드는 감정이 아니라 배우고 노력해야 하는 '기술'로 정의한다. 사랑이 실패하는 이유는 사랑받으려고만 할 뿐 사랑하는 능력을 기르지 않기 때문이라고 날카롭게 지적한다. 나를 먼저 아끼고 타인을 존중하는 진짜 사랑의 방법을 일깨워 주는 심리학의 영원한 고전이다.

◐　근대 이전 인류의 최고 발명품이 종이, 화약, 나침반이라면 근대 이후 최고의 발명품은 '낭만적 사랑과 자유연애'다. 19세기 연애는 남녀가 서로 사귀며 감정을 키우는 게 아니라 처음부터 사랑을 선언하고 시작했다. 이 방식은 감정의 불확실성을 덜어주었다. 현재 우리에게 익숙한 '썸'은 불확실하다. 현대인에게 낭만적 사랑은 혼란 그 자체라고 해도 과언이 아니다. 사랑의 시작과 끝에서 벌어지는 갈등과 괴로움은 비교와 선택으로 이어지고 뜨거운 열정은 쉽게 불안으로 바뀐다. 그럼에도 연애와 사랑이 없는 인생은 상상할 수도 없고, 생각하고 싶지도 않다. 참을 수 없는 인생의 가벼움은 사랑하지 않거나 사랑을 잃어버린 사람들의 몫이 아닐까?

　밀란 쿤데라는 2023년 세상을 떠나기 전까지 살아있는 고전이었다. 그는 체코 태생으로 '프라하의 봄'°에 참여한 후 프랑스로 망명했다. 동유럽에서 태어나 제2차 세계대전과 히틀러

°　1968년 체코슬로바키아에서 일어난 민주화 운동으로 당시 소련의 영향에서 벗어나기 위해 개방과 개혁을 외치자 바르샤바 조약군이 침공했고 민중들은 비폭력으로 저항했다.

를 겪으며 냉전 시대를 통과한 쿤데라는 인간은 사회적 환경의 지배를 받을 수밖에 없다는 사실을 온몸으로 깨달았다. 니체의 영원 회귀로 시작하는 『참을 수 없는 존재의 가벼움』의 도입부는 그러한 쿤데라의 사유가 고스란히 드러난다. 작가는 경험한 것 이상을 쓸 수 없다는 말이 항상 옳은 건 아니다. 뛰어난 상상력으로 경험의 한계를 넘어서기 때문이다. 그런 면에서 쿤데라는 인간과 세계에 대한 새로운 해석과 관점을 보여준 탁월한 작가다.

삶에 대한 각자의 가볍고도 무거운 선택

소설의 영원한 테마는 '사랑'이다. 이 세상 거의 모든 작가가 사랑 이야기를 쓴다. 가슴 두근거리던 사랑과 빛바랜 추억은 언제나 관심을 끄는 재밌는 소재다. 누군가에게는 삶의 목적과 이유가 되며 또 누군가에게 생의 가장 빛나는 순간으로 기억된다. 밀란 쿤데라는 외과 의사 토마시, 사진을 찍는 테레자, 토마시의 정부인 사비나와 사비나를 사랑하는 프란츠의 인생에서 『참을 수 없는 존재의 가벼움』을 느끼게 하는 요소가 무엇인지 묻는다. 물론 그 질문은 고스란히 독자에게도 적용된다. 살아가면서 사랑과 죽음은 아무도 피할 수 없기 때문이다.

그들은 서로 사랑했는데도 상대방에게 하나의 지옥을 선사했다. 그들이 사랑한 것은 사실이다. 오류가 그들 자신이나 그들의 행동 방식 혹은 감정에 기인하는 것이 아니라 그들의 공존 불가능성에서 기인했다는 것이 그 증거다. 왜냐하면 그는 강했고 그녀는 약했기 때문이다.

— 『참을 수 없는 존재의 가벼움』 중에서

독신의 이혼남 토마시는 여성 편력이 심하다. 육체적 관계는 호기심과 삶의 활력일 뿐 '사랑'과 거리가 먼 행위라고 생각하는 토마시와 그와 사랑에 빠진 테레자는 자연스럽게 지옥에 빠진다. 두 사람은 서로 다른 방식으로 상대방을 사랑한다. 사비나는 아름답고 신념이 강한 화가로 토마시와 오랫동안 육체적 관계를 이어가다 헤어지고 유부남 프란츠를 만난다. 그러나 프란츠가 사비나와 함께하려고 이혼하자 그를 떠난다. 네 사람은 제각각 서로를 사랑하지만, 끊임없이 사랑으로 인해 고통받는다. 자기 학대에 가까운 고통과 슬픔은 사랑의 대가일까, 아니면 삶에서 가장 고귀한 무엇을 얻기 위한 과정일 뿐일까? 물론 쿤데라도 정답을 모를 것이다. 그는 영혼과 육체, 어느 쪽이 무거운지, 가벼운지 평가하지 않는다. 토마시의 사랑과 테레자의 사랑을 비교하지도 않는다. 사비나와 프란츠를 평가할 필요도 없다. 이 모든 사랑을 현실의 무게로 비교하긴 어렵기 때문이다.

기원전 6세기 그리스의 철학자 파르메니데스는 가벼운 것이 긍정적이고 무거운 것이 부정적이라고 했다. 반면에 쿤데라

는 '무거운 것과 가벼운 것의 모순이 가장 신비롭고 가장 미묘'
하다고 말한다. 사랑과 현실 또는 삶과 죽음 사이에서 끊임없이
그 존재의 무게를 측정해도 결론은 쉽지 않다. 이 소설은 토마
시와 테레자가 키우던 반려견 카레닌의 죽음으로 마무리된다.
쿤데라는 사랑의 가벼움과 무거움, 삶의 가벼움과 무거움만큼
'죽음'의 가벼움과 무거움을 두 주인공과 카레닌의 죽음을 통해
보여주려 했던 게 아닌가 싶다.

> 모든 것이 일순간 난생처음으로, 준비도 없이 닥친 것이다. 마치
> 한 번도 리허설을 하지 않고 무대에 오른 배우처럼. 그런데 인생
> 의 첫 번째 리허설이 인생 그 자체라면 인생에는 과연 무슨 의미
> 가 있을까?
>
> ─『참을 수 없는 존재의 가벼움』 중에서

영혼과 육체, 사랑과 섹스, 책임과 자유, 영원과 순간, 삶과
죽음 등 모순되고 이중적인 가치가 혼재된 인간의 삶에서 '선
택'은 오로지 각자의 몫이다. 쿤데라는 인간의 삶이란 오직 한
번뿐이며 모든 상황에서 우리는 딱 한 번만 결정을 내릴 수 있
기 때문에 과연 어떤 것이 좋은 결정이고 어떤 것이 나쁜 결정
인지 결코 확인할 수 없다고 말한다. 우리에게 여러 가지 결정
을 비교할 2회차, 3회차 인생은 주어지진 않는다. 역사도 개인
의 삶도 마찬가지다. 그러니 어떻게 살 것인가, 무엇을 위해 살
것인가? 그 방법과 태도 또한 각자의 가볍고도 무거운 선택에

좌우된다.

기막힌 반전과 감동적인 결론뿐 아니라 끊임없이 독자들을 혼란에 빠뜨리는 것도 고전의 미덕이다. 좋은 소설은 인간 존재에 대한 본질적 탐색, 현실적 삶에 대한 기쁨과 슬픔, 인생의 '희로애락'과 '애오욕'에 대한 성찰을 환기한다. 스무 살에 이 소설은 내게 '영혼과 육체'에 관한 연애소설이었다. 이제 막 세상에 나온 청춘에게 방황과 혼란을 예고하는 종소리와 같은 울림이었다. 그러나 중년이 되어 다시 읽는 쿤데라의 소설은 깊은 철학 소설이자 사회소설로 읽힌다. 되돌릴 수 없는 인생, 남은 시간 앞에서 다시 한번 신중해진다. 그와 반대로 자기 앞에 남은 시간이 무겁지 않고 참을 수 없을 만큼 가벼워질 수 있다면 그 또한 의미 있는 삶이 아닌가 싶다.

사랑이라는 기술에 관한 오해이자 착각

사랑은 '선택'일까, '운명'일까? 현대 사회에서 사랑은 '조건'을 살펴보고 선택해야 할 거래의 대상이다. 두근거림과 망설임이 가능한 대상과 유무형의 교환이 이루어질 거라는 기대는 사랑에 대한 오해다. 그러면 어떤 사랑이 우리를 충만한 행복감으로 채울 수 있을지 궁금하다.

에리히 프롬은 인간이 사회적 환경에 적응하며 겪는 욕망과 갈등에 관심이 많았다. 개인은 사회와의 상호작용 과정에서 행복을 얻거나 위기에 직면한다. 우리가 흔히 생각하는 사랑도 마찬가지다. 사랑과 결혼은 단순히 개인적 취향과 선호에 따라 결정할 수 없는 사회적 상호 작용의 결과다. 토마시와 테레자처럼 서로 사랑하는 방식이 다르다면 결국 파국이다. 사비나와 프란츠도 다를 바 없다. 그들의 감정과 행동이 공존 불가능한 이유는 무엇일지…. 에리히 프롬은 사랑을 제대로 알고 실천하는 방법을 제안했다. '플러팅 비법'이나 '연애 테크닉'이 아니라 『사랑의 기술』이라면 모두가 배워야 하지 않을까?

에리히 프롬은 사랑을 '감정'이 아닌 '기술'적 측면으로 접근한다. 연인과 부부는 물론 거의 모든 인간관계에서 '사랑'은 서로 주고받는 게 당연하다는 시장의 교환 원칙이 작동한다. 누구를 얼마나 사랑하는지, 대상과 크기의 문제가 아니다. 사랑한 만큼 받고 싶은 마음이 잘못된 거냐고 항변하는 사람들에게 프롬은 그게 왜 당연하지 않은지, 사랑은 무엇이며 어떻게 실천해야 하는지 설명한다.

우선 사랑에 대한 세 가지 착각이다. 첫째, 사람들은 사랑을 사랑할 줄 아는 능력의 문제가 아니라 '사랑받는' 문제로 생각한다. 둘째, 사랑은 '대상'의 문제라는 것이다. 그렇기에 사랑에 대해서는 배울 필요가 없다고 생각한다. 셋째, 사랑을 '하게 되는' 최초의 경험과 사랑하고 '있는' 지속적인 상태, 혹은 사랑에 '머물러' 있는 상태를 혼동한다. 이런 형태의 사랑은 본질적으로 오래 지속될 수 없다.

희망과 기대에서 시작되는 사랑이 슬픔과 고통으로 끝나

게 될 때 그 이유는 무엇일까? 그건 아마도 성숙한 사랑이 '성애'라고 착각하기 때문이 아닐까 싶다. 에리히 프롬은 성애를 완전한 융합, 곧 다른 한 사람과 결합고자 하는 갈망이라고 설명했다. 우리가 생각하는 열정적 사랑은 본질적으로 정신과 육체에 대한 독점적, 배타적 욕망이다. 하지만 성적인 끌림과 접촉으로 형성되는 친밀감이 사랑의 전부일 수는 없다. 사랑은 결의이자 판단이고 약속이어야 한다. 사랑은 의지의 소산이다. 따라서 성숙한 사랑은 한 사람에 대한 독점적 소유욕과 다른, 개성을 유지한 상태에서의 합일을 추구한다. 또한 사람들 사이의 벽을 허물고 타인과 결합하는 힘이다. 미성숙한 사랑이 복종과 고립을 요구하면서 지배하고 명령하며 상처를 준다면 성숙한 사랑은 상대의 특성을 인정하고 자신의 통합성을 유지하면서 관계를 발전시켜 나간다.

> 사랑은 수동적 감정이 아니라 활동이다. 사랑은 '참여하는 것'이며 '빠지는 것'은 아니다. 가장 일반적인 방식으로는 사랑은 원래 '주는 것'이지 받는 것이 아니라고 말함으로써 사랑의 능동적 성격을 설명할 수 있다.
>
> —『사랑의 기술』 중에서

사랑의 능동적 성격에서 중요한 '준다'의 의미는 자신이 가진 가장 소중한 것, 즉 '자기 안에 살아 있는 것'을 타인에게 주는 것이다. 자기 안에 살아 있는 무언가를 줌으로써 타인을 풍요롭게 하고 자신도 생동감을 얻을 수도 있지만, 주는 것 그 자체가 행복이다. 희생과 봉사가 아니라 사랑함으로써 충만한 기쁨을 누린다.

진짜 사랑은 세상을 사랑하는 법을 알게 한다

그러나 우리는 흔히 낭만적 연애와 사랑에서 '준다'를 몸과 마음 혹은 돈과 시간으로 착각한다. 특히 현대인은 자본주의가 제공하는 상품과 음식과 문화를 즐기는 데서 행복을 느낀다. 이러한 소비와 교환은 물질적 대상이 아니라 정신적 가치에도 적용된다. 매력 있는 외모, 유쾌한 태도와 흥미 있는 대화, 높은 연봉과 직업 등이 사랑의 조건이라는 데 반대하기 어렵다. 그러나 에리히 프롬은 받은 만큼 준다는 자본주의의 공정한 거래 윤리가 사랑에 적용될 수는 없다고 충고한다. 이런 방식의 거래와 합일은 욕구가 충족되지 않을 때 자기 파괴 혹은 타인을 향한 폭력으로 귀결될 수도 있다. 누구나 순수한 사랑을 꿈꾸지만 아무도 완전한 사랑을 경험하지 못하는 이유가 이 때문이다.

이런 세상에서 사랑은 상품과 노동시장을 지배하는 교환 방식과 다를 바 없다. 인간관계에서 소외된 현대인은 사랑마저 교환 가능한 거래의 대상이자 상품으로 치부하는 게 아닐까 싶다. 상품처럼 결혼정보회사의 남녀 등급표는 자본주의 사회의 구조를 적나라하게 드러낸다. 이것이 바로 낭만적 연애와 사랑이 결혼과 결코 일치할 수 없다는 명백한 증거가 아닐까? 에리히 프롬은 온갖 미성숙한 사랑과 사이비 사랑이 극성을 부리는 현실에서 진정한 사랑은 '실존의 핵심으로부터 자기 자신을 경험할 때' 가능하다고 선언한다. 두 사람이 서로의 존재를 확인하며 온전히 합일되는 경험이 진정한 사랑이다.

에리히 프롬이 말한 사이비 사랑은 '우상 숭배적 사랑', 즉 감상적 사랑이다. 문을 들어올 때 그, 혹은 그녀의 뒤에 후광이 비쳤다는 환상이 여기에 해당한다. 그러나 대체로 상대가 자기 기대에 미치지 못하는 순간 사랑은 실패하고 만다. 이런 사랑은 환상이다. 또 하나의 형태는 '투사적 사랑'이다. 자기 문제는 회피하고 상대의 단점에 관여하는 방식으로 다른 사람의 사소한 결점까지 비판하지만 자기 문제는 그대로 남게 되어 결국 그 사랑은 실패로 끝난다.

토마시와 테레자, 토마시와 사비나, 사비나와 프란츠, 이들은 어떤 문제 때문에 서로 사랑한다고 믿으면서도 상처받고 고통스러워웠을까? 성숙한 사랑은 상대를 외롭게 하지 않는다. 자신을 스스로 불안하게 만들지도 않는다. 만일 내가 어떤 사람에게 "나는 당신을 사랑한다."라고 말할 수 있다면 "나는 당신을 통해 모든 사람을 사랑하고, 당신을 통해 세계를 사랑하고, 당신을 통해 나 자신도 사랑한다."라고 말할 수 있어야 한다. '사랑의 기술'을 배우고 싶다면, 자기 자신에게 민감해야 한다. 자기 자신을 들여다보는 일, 그것이 사랑의 시작이다. 외적인 조건보다 내면의 소리에 귀 기울일 때 우리는 불안하고 우울한 사랑이 아니라 온전히 '나'로 살아가며 홀로 선 누군가를 만나 성숙한 사랑을 나눌 수 있다. 사랑의 기술은 훈련하기 나름이다. 사랑에 성공하려면 자기 생각과 타인의 시선에 맞서 자기 의지를 표현하는 연습이 요구된다.

진짜 사랑은 나와 타인 그리고 세상을 사랑하는 법을 깨닫게 한다. 자기 안에 사랑이 충만하면 타인과의 관계, 삶의 태도에도 긍정적인 영향을 미친다.[6] 그런 면에서 토마시와 테레자와 사비나와 프란츠는 각자 자기 자신을 더 사랑했는지도 모른다.

진화한 사랑의 끝은 결혼일까

『안나 카레니나』

Anna Karenina (1878)

레프 톨스토이
(Leo Tolstoy, 1828-1910)

표도르 도스토옙스키와 함께 러시아를 넘어 세계 문학을 이끈, 인간의 마음과 사회 현실을 정교하게 짚어낸 대문호. 19세기 귀족 사회를 배경으로 사랑 없는 결혼 생활을 벗어나 열정적인 사랑에 빠진 안나의 비극적인 삶을 그렸다. 위선적인 사회의 잣대 속에서 괴로워하는 안나와 농촌에서 진짜 삶의 가치를 찾는 레빈의 모습이 대비되며 여운을 남긴다. 사랑과 결혼, 죽음이라는 인생의 질문을 잘 녹여낸 걸작이다. 대표작으로 『전쟁과 평화』, 『부활』, 『이반 일리치의 죽음』, 『바보 이반』 등이 있다.

『욕망의 진화』

The Evolution Of Desire (1994)

데이비드 M. 버스
(David M. Buss, 1953-)

미국의 진화심리학자 데이비드 M. 버스의 이 책은 짝짓기와 사랑이라는 인간의 은밀한 욕망을 진화생물학의 시각으로 파헤친 도발적인 교양서이다. 남녀가 배우자를 선택할 때 왜 서로 다른 기준을 가지는지, 질투의 진짜 원인은 무엇인지 수만 년의 진화 역사를 통해 과학적으로 설명한다. 낭만적인 사랑 뒤에 생존과 번식을 위한 치밀한 전략이 숨어 있음을 밝혀내어 세상을 놀라게 했다.

◎   소설에서 등장인물이 무더위에 부채질하는 장면에 놀라 모스크바 날씨를 검색했다. 가장 더운 7월은 30도에 육박하는 무더운 날씨가 맞다. 눈보라와 강추위의 나라일 거라는 러시아에 대한 편견은 안나와 브론스키의 사랑과 불륜 사이에도 영향을 미쳤다. "브론스키가 부드러운 재질의 챙 넓은 모자를 벗고는 땀에 젖은 이마와 대머리를 가리려고 귀까지 뒤로 내려 넘긴 머리카락을 손수건으로 닦았다."라는 문장 앞에서 한참을 서성거린다. 브론스키는 영화 〈안나 카레니나〉에서 금발의 곱슬머리와 눈부신 얼굴의 배우 애런 존슨이었기 때문이다. M자 탈모인 주드 로에게 카레닌 역을 맡긴 조 라이트 감독의 장난이었을까, 20대에 읽을 때는 왜 브론스키의 외모에 관심이 없었을까, 안나에게 너무 집중했나, 대머리라고 해서 매력이 없을 거라는 생각은 또 다른 편견이 아닐까? 어쨌든 안나와 남편 카레닌이 스무 살 차이라는 사실도 새삼스럽긴 마찬가지였다.

　　"모든 행복한 가정은 서로 닮았고, 모든 불행한 가정은 제각각으로 불행하다."라는 유명한 첫 문장이 소설 전체를 암시한다는 생각도 편견이다. 오블론스키와 돌리, 안나와 카레닌의 행복하지 않은 결혼 이야기로 시작한 소설이 열차에 뛰어든 안나의 죽음으로 끝나지 않고, "이제 내 삶은, 내 일평생은, 매 순간이 예전처럼 무의미하지 않을 뿐만 아니라 선善이라는 의심할 바 없는 의미를 지닌다. 그 의미를 내 삶 속에 불어넣을 권한이 나에겐 있다!"라는 레빈의 독백으로 끝맺기 때문이다.

1828년 백작의 아들로 태어난 톨스토이는 두 살 때 어머니를 잃고 아홉 살에 아버지마저 숨졌으며 1910년 82세로 세상을 떠날 때까지 인류애와 사회적 모순으로 고뇌한 지식인이었다. 삶과 죽음, 신과 인간, 전쟁과 평화, 사랑과 결혼, 지배와 종속, 귀족과 농민, 지주와 농노의 대립과 갈등을 고민했던 휴머니스트였다. 1861년 「농노 해방 선언문」이 발표되자 자기 영지에 속한 농민들에게 그들이 일궈 온 토지를 나눠주고 말년에는 우리 시대의 노예제, 신앙의 자유와 본질이 무엇인지 탐구했으며 "러일 전쟁을 재고하라!"고 외치는 등 실천적 이상주의자로 살면서도 사람은 무엇으로 살아야 하는지에 대한 질문을 멈추지 않았다.

『안나 카레니나』에서 톨스토이는 레빈을 등장시켜 삶에 대한 지독한 회의와 집요한 구도의 과정을 그린다. 레빈은 유물론에 관심을 보이며 '영혼, 자유, 본질'은 물론 쇼펜하우어의 의지와 사랑에 대해 고민한다. "나는 누구인가? 나는 어디에 있는가? 나는 왜 여기에 있는가?"라고 자신에게 묻는다. 철저하게 1870년 당대 러시아 사회를 그려낸 톨스토이는 레빈을 통해 귀족으로서 자신의 정체성은 물론 온갖 시대적 사건과 당대의 삶을 소설 속에 녹여낸다. "나는 모든 것을 『안나 카레니나』 속에 썼다. 남은 것은 아무것도 없다."라는 선언이 이를 증명한다. 레빈과 달리 안나는 프랑스인 가정교사와 바람난 오빠의 아내 돌리를 설득하기 위해 기차를 타고 모스크바에 왔다가 돌리의 동생에게 청혼할 예정인 브론스키를 만나 열정적 사랑에 침몰한다. 잔혹한 치정극이나 19세기식 가정소설의 관점으로 안나와 브론스키 그리고 카레닌의 관계에서 독자들은 무엇을 읽을까?

사랑의 기쁨과 슬픔은 언제나 길을 잃는다

인류의 영원한 숙제는 사랑과 결혼이 아닐까? 세월이 흐르고 시대가 변해도 무한 반복되는 사랑과 결혼의 함수관계를 인류는 여전히 이해하지 못한 것 같다. 어쩌면 문제라고 인식하지 않거나, 영원히 해결할 수 없는 일이라고 생각하는지 모르겠다. 누구나 결혼이 사랑의 완성이라고 믿지만 결국 사랑의 종착역에 도착했다는 사실을 깨닫는 순간이 찾아오기도 한다. 모든 연인 사이의 관계는 제각각이고 그 끝을 예측할 수 없어 우리는 오늘도 사랑과 결혼이라는 선택 앞에서 망설이며 결혼 후에도 갈등하는 게 아닐까?

안나는 그녀 자신이 일깨운 환희에 흠뻑 취해 있었다. 키티는 그런 감정을 잘 알았으며 그 특징 역시 알고 있었는데, 그것을 지금 안나에게서 목격할 수 있었다. 바로 타는 듯이 떨리는 두 눈의 광채와 자기도 모르게 입술을 움찔거리게 만드는 행복과 흥

분의 미소 그리고 뚜렷하게 드러나는 우아하고 정확하며 경쾌
한 동작이었다.

— 『안나 카레니나』 중에서

아이러니하게도 브론스키의 청혼을 받아들이기 위해 레빈
의 고백을 거절했던 키티의 눈으로 브론스키와 사랑에 빠진 안
나를 묘사한 장면이다. 유부녀는 다른 남자를, 미혼 남성은 유
부녀를 사랑할 수 없다는 당위의 문제를 위해 이 소설을, 아니
문학 작품을 읽을 이유는 없다. 현실에서 부딪치는 윤리적 논쟁
에도 사실과 가치 판단이 혼재되어 있기 때문이다. 법과 규범
너머에 놓인 인간의 욕망을 인정하거나 비난하는 흑백논리라면
얼마나 편리하겠는가? 인간은 그렇게 단순한 존재가 아니다.
왜냐하면 타인의 행복과 불행은 자신에게도 반드시 영향을 미
치기 때문이다. 안나와 카레닌과 브론스키는 19세기 러시아가
아니라 바로 여기 '나'의 문제일 수도 있다. 놀랍게도 레빈 또한
사랑과 결혼에 대한 아이러니를 경험한다.

참으로 기묘하게도, 얼마 전까지만 해도 그녀가 자신을 사랑해
줄 수 있다는 그 행운을 감히 믿지 못하던 그였는데, 이제는 자
신을 너무나 사랑해 줘서 불행한 느낌이 드는 것이 아닌가!

— 『안나 카레니나』 중에서

사랑은 무엇인가, 도대체 어쩌란 말인가. 키티에게 거절당

하고 절망했던 레빈이 결혼 후에는 너무 사랑받아 불행하다고 토로한다. 한번 거절당한 레빈이 안나와 브론스키의 관계로 상처받은 키티에게 두 번째 고백할 때 탁자 위에 분필로 초성을 쓰는 장면이 나온다. 대면 상황에서 초성 카톡을 나누는 듯 망설이며 서로의 마음을 확인하는 장면과 대비되는 레빈의 고백이 당황스럽다. 하지만 두 사람의 관계는 끝까지 순항한다.

소설에서 안나와 브론스키, 레빈과 키티의 이야기는 씨줄과 날줄처럼 교차하며 각각 두 개의 축으로 전개된다. 정교한 구성이나 클라이맥스 없이 다소 복잡하고 다양한 사건과 등장인물이 등장하지만 안나와 레빈은 자기 삶의 구체적이고 본질적인 문제에 직면한다. 그럼에도 안나는 '실눈을 뜨고 사물을 보는 버릇'이 있다. 적당히 눈감고 모른척하는 예의 바른 태도 혹은 하나하나 따지고 싶지 않은 배려는 자신을 위한 것이다. 카레닌과 브론스키가 아니라 안나의 감정과 선택을 흐린 눈으로 바라봐도 쉽게 판단하기 힘들다. 기차에 뛰어들기 전 "모든 게 허위고, 거짓이야. 모든 게 기만이고, 모든 게 악이야!"라는 독백, 소설이 시작되기 전 "원수 갚는 것은 내가 할 일이니 내가 갚아 주겠다."°라는 분노는 모두 안나 자신을 향하게 된다.

그러나 죽음은 오롯이 살아남은 자의 몫이다. 어떤 이유

<hr>

°   "친애하는 여러분, 여러분 자신이 복수할 생각을 하지 말고 하느님의 진노에 맡기십시오. 성서에도 '원수 갚는 것은 내가 할 일이니 내가 갚아 주겠다' 하신 주님의 말씀이 있습니다." 「로마서」 12장 19절

로 죽음을 맞이하든 상처는 그 후에도 숨 쉬고 살아야 할 사람들이 감당해야 한다. 전쟁터로 향하는 브론스키와 죽음과 허무에서 벗어나 삶의 길을 찾는 레빈의 독백으로 소설은 끝나지만 이들의 고뇌는 생생히 살아 독자들의 현실 속에서 꿈틀거린다. 사랑에 빠져도 고독은 불가피하며 결혼으로 맺어진 관계도 영원하지 않을 수 있다. 우연을 운명으로 포장하고 순간을 영원으로 포착해도 기쁨과 슬픔, 행복과 불행은 언제나 사랑하는 연인들 사이에서 길을 잃는다. 톨스토이는 모든 위대한 작가들이 그렇듯이 '사랑'이라는 주제와 '결혼'에 대해 말하고 싶었을 것이다. 결혼 정보회사를 통해 이성을 만나는 21세기식 사랑과 결혼을 톨스토이는 어떻게 바라볼까? 비록 19세기 러시아 귀족 사회, 사교계에서 벌어진 이야기지만 안나와 브론스키 혹은 레빈과 키티는 수많은 이야기를 전한다.

당시 교회법에 따르면 남편이 살아 있는 한 아내에게 재혼이란 허용되지 않았다. 그래서 딸을 낳아 함께 살면서도 안나와 브론스키의 관계는 끝내 인정받지 못한다. 안나가 카레닌과 이혼하고 브론스키와 결혼했다고 해서 소설의 결말이 달라질지는 의문이지만 경멸과 차가운 시선을 보내는 사교계, 그들의 딸을 카레닌의 호적에 올려야 하는 상황이 아니었다면 안나의 선택이 달라졌을까? 이런 혼란과 불행을 모르지 않았을 텐데 안나는 왜 브론스키를, 브론스키는 왜 안나를 갈망했을까? 진화 과정에서 유전된 DNA에 인간의 욕망에 관한 비밀이 숨어 있을까?

인간의 사랑도 진화하는가

데이비드 버스는 『욕망의 진화』에서 인지심리학과 진화생물학에 기반한 진화심리학의 관점으로 인간의 욕망을 탐구했다. 근친상간을 피하는 이유나 짝짓기 선호와 전략 등 자연선택에 의해 진화된 심리적 적응기제는 인간의 사랑과 본능을 이해하는 데 도움을 준다. 인간의 사랑과 결혼이 종족 번식을 위한 본능과 사회적 적응이라면 단순하고 명쾌할 것이다. 하지만 우리는 그보다 훨씬 복잡하고 다양한 개성을 가진 존재다. 다만 현생 인류의 공통분모로 진화한 본능과 욕망을 깊이 들여다볼 필요가 있다. 아마 안나와 브론스키를 이해하는 데 도움이 될 수도 있을 것이다. 아니, 현실 속의 '나'와 '너'를 위해 꼭 필요하다.

결혼이 아니고 '짝짓기'라는 용어는 거부감이 들고 낯설다. 우리는 동물이 아니라 인간이라는 반론이 슬그머니 고개를 든다. 그러나, 왜 그 혹은 그녀에게 끌리고 사랑에 빠져 결혼하는지, 또 다른 이성에게 관심이 가는 이유가 무엇인지 고민하지 않는 사람은 없다. 연애, 사랑, 섹스, 결혼, 이별은 우리 삶을 송두리째 뒤흔드는 중요한 문제다. '뭣이 중헌지'는 각자 결정할 일이나 찰스 다윈의 진화론에서 출발한 자연선택과 성 선택 이론에서 인간도 자유롭지 않은 생물이라는 점은 인정할 수밖에 없다. 과학의 눈으로 인간의 열정적 사랑과 결혼을 바라본다면 고민이 해결될 수 있을까?

철학과 달리 심리학은 과학을 표방한다. 가설을 세우고 반복 실험을 통해 이론을 증명한 후에 과학적 사실로 인정받는다. 블랙스완이 등장할 때까지 학문적 진리로 통용되며 동료 학자들의 혹독한 교차 검증을 거치기 때문이다. 데이비드 버스도 인간의 욕망을 진화론의 관점으로 설명하기 위해 기존 심리학 이론에 바탕을 두고 다양한 연구와 실험 결과를 토대로 짝짓기 전략과 성 간 갈등, 세력, 지위, 사회적 명성 등에 관한 논쟁을 불러일으켰다. 학계뿐만 아니라 대중과 언론의 이목을 집중시켰던 이유는 모든 인간이 겪는 전쟁 같은 사랑, 즉 매우 현실적인 문제에 대한 이론을 제시했기 때문이다. 어느 누가 궁금하지 않겠는가? 왜 남자들은 나이에 상관없이 예쁘고 어린 여자를 좋아하는지, 왜 여자들은 사회적 지위가 높고 경제력 있는 키 크고 다정한 남자를 좋아하는지 말이다.

원인을 알아도 문제를 해결하지 못하고 대안을 제시하기 어렵다. 연애와 사랑 그리고 결혼이 우리 인생에서 그런 문제다. 때로는 선택을 위한 갈등으로 밤을 지새우지만 대개 그 갈등은 머리와 가슴의 싸움이다. 이성과 본능의 충돌에서 누가 이기느냐에 따라 선택이 달라지고 인생이 바뀐다. 지금도 여전히 연애와 결혼은 경쟁과 생존의 문제로 인식한다.

사랑이 어떻게 변하니

진화심리학은 여전히 논쟁적이다. 모두에게 적용되는 불

변의 수학적 진리와 달리 개인차가 있고 해석의 여지가 남아 있기 때문이다. 성 선택 이론은 인간을 종족 번식에 충실한 욕망의 대상으로 보며 진화심리학은 인간을 '동물성' 그 자체로 본다. 숱한 반론에도 불구하고 인간의 욕망이 도덕과 윤리, 사회적 질서와 규범에 앞선다는 점에서 데이비드 버스의 주장을 외면하기는 어렵다. 욕망의 진화는 남녀의 엇갈린 욕망에 대한 진실을 담고 있다. 여자가 원하는 것과 남자가 원하는 것의 '차이'가 비극을 잉태한다는 점에서 그렇다.

남편 혹은 아내의 여사친 혹은 남사친을 인정할 수 있을까? 이것은 미혼 남녀에게도 적용되며 정답도 없고 주장을 증명하기도 어려운 논쟁거리다. 그러나 이 문제가 부정행위로 이어지면 이야기가 달라진다. 남편과 아내의 '부정'은 결혼생활의 파경을 초래하는 원인이지만 아내의 부정은 의미와 무게가 다르다. 인종과 문화를 막론하고 아내의 부정과 불임은 번식에 치명적이기 때문이다. 전 세계적으로 이런 이중잣대가 적용되는 이유는 물리적 힘, 자원과 헌신, 손실의 크기가 달라서이다.

그런 면에서 안나의 부정과 카레닌의 분노, 브론스키의 태도 등은 진화심리학적 욕망을 적나라하게 보여준다. 때로는 용서와 화해를 시도하고 때로는 분노와 폭력으로 대응하지만 인간의 본성과 욕망을 조작할 순 없다. 종교적 계율과 윤리 규범이 가로막아도 인간은 같은 실수를 반복하며 파국을 향해 달려간다. 어쩌면 그것은 인간적인, 너무나 인간적인 모습이라는 게 데이비드 버스의 설명이다.

자연선택은 남성으로 하여금 결혼을 욕망하게 하고 오랜 기간 한 여자에게 기꺼이 투자하게 만들었다. 이 사실은 이렇게 행동하는 편이 일시적 섹스를 나눌 상대를 찾아 헤매는 편보다 적어도 어떤 상황에서는 강력한 적응적 이득을 제공했으리라는 것을 알려 준다.

—『욕망의 진화』중에서

일생에 걸쳐 남성과 여성에게 벌어지는 변화를 고려하면 결혼한 사람의 절반 이상이 이혼하지 않고 끝까지 함께 산다는 사실은 놀랍다. 데이비드 버스는 유전자를 전혀 공유하지 않은 두 사람이 평생 헤어지지 않는 것은 인간 짝짓기의 진화에서 아마도 가장 탁월한 성취일 거라고 평가한다.

수많은 실험과 설문조사 그리고 연구 논문을 제시하지만 저자의 설명은 어렵거나 딱딱하지 않다. 남녀노소 누구에게나 가장 큰 관심거리인 사랑, 연애, 섹스, 결혼이라는 주제가 어떻게 지루하겠는가?『욕망의 진화』에는 현생 인류의 사랑과 결혼에 관해 소설처럼 흥미진진한 비밀이 숨겨져 있다. 은밀하고 보편적인 인간의 진화한 심리는 '나'의 생각과 행동, 그 혹은 그녀의 속내를 꿰뚫어 볼 수 있는 안목을 제공한다. 몇몇 사람들은 남녀 간의 성차를 맹렬히 부정한다. 아니, 더 이상 존재하지 않기를 소망한다. 그러나 데이비드 버스는 부정하거나 소망한다고 해서 심리적인 성차가 사라지지는 않는다고 잘라 말한다. 차별은 반대하지만 차이는 인정해야 한다는 말이다. 그것이 인간의 욕망을 읽어내는 태도다.

안나와 브론스키는 유부녀와 미혼남성으로 만났으나 서로를 향한 열정과 사랑은 차이가 없다. 하지만 이후에 벌어지는 심리와 태도는 조금씩 두 사람 사이에 균열을 일으킨다. 상황이 사람을 만들고, 서로 다른 욕망이 사랑을 변하게 한다. 결혼이 사랑을 영속하게 만들어 줄 거라는 순진한 생각을 하는 사람은 없겠으나 결혼이 사랑의 무덤이라는 말도 정답은 아니다. 데이비드 버스는 욕망의 진화가 생존과 종족 번식을 위한 생물학적 적응이라고 설명하지만 사랑과 결혼은 여전히 우리에게 낭만적 꿈과 안식처로 기능한다. 결혼하지 않을 수는 있어도 사랑하지 않고 살기는 어렵다. 결혼이 선택인 시대를 살고 있는 현대인들에게 사랑과 결혼의 역학관계는 영원한 고민거리다.

혼란과 맞바꾼 영원한 사랑

○

『콜레라 시대의 사랑』

El Amor en los Tiempos del Colera (1985)

가브리엘 가르시아 마르케스 (Gabriel García Márquez, 1927-2014)

콜롬비아의 노벨문학상 수상 작가. 현실과 환상을 뒤섞는 '마술적 사실주의'로 문학의 새로운 길을 연 거장이다. 무서운 전염병인 콜레라가 퍼지던 19세기 말, 반세기가 넘는 시간 동안 오직 한 여자만 기다린 남자의 지독한 사랑을 그렸다. 엇갈린 운명과 무서운 질병, 늙어가는 몸 앞에서도 꺾이지 않는 사랑의 끈질긴 생명력을 환상적이면서도 유쾌하게 풀어낸다. 죽음마저 뛰어넘는 사랑의 위대함을 보여주는 로맨스의 걸작이다. 대표작으로 『백 년 동안의 고독』이 있다.

○

『사랑은 지독한 그러나 너무나 정상적인 혼란』

Das ganz normale Chaos der Liebe (1990)

울리히 벡 (Ulrich Beck, 1944-2015) 엘리자베트 벡 게른스하임 (Elisabeth Beck-Gernsheim, 1946-2025)

현대 사회의 위험을 경고한 세계적인 사회학자 부부인 울리히 벡과 엘리자베트 벡 게른스하임이 함께 쓴 책이다. 개인주의가 강해지면서 전통적인 가족 제도와 사랑의 형태가 어떻게 변하고 있는지 분석한다. 이혼과 비혼이 많아지는 현상은 사회가 변하면서 겪는 당연하고 '정상적인' 혼란임을 짚어낸다. 낭만적 사랑의 환상에서 벗어나 현대인들이 관계를 맺는 새로운 방식을 날카롭게 통찰한다.

◐ 　조나단과 사라는 백화점에서 각자의 애인에게 줄 선물을 고르다 우연히 만난다. 첫눈에 호감이 생기지만 사라는 조나단의 연락처가 적힌 지폐로 솜사탕을 사 먹고 『콜레라 시대의 사랑』 초판본에 자기 이름과 전화번호를 적어 헌책방에 판다. 운명이라면 그 지폐와 책이 언젠가 서로에게 가 닿을 것이라는 낭만적 판타지는 소설의 내용과 닮았다. '우연한 발견 혹은 행운'이라는 제목이 주제를 암시하는 영화 〈세렌디피티〉는 그렇게 시작된다.

상대가 누구든 내가 어떤 사람이든 우리에겐 사랑할 자유와 권리가 있다. 물론 그 사랑을 거절하고 이별할 수 있는 티켓을 손에 쥐고 있다는 사실도 잊지 않아야 한다. 백 년 동안이나 고독했던 가브리엘 가르시아 마르케스가 노벨상을 받은 후에 광기와 집착에 가까운, 본질적이고 영원한 사랑의 의미를 찾아 나선다. 카리브해를 오가는 배 위에서 53년 7개월 11일 만에 충만한 사랑을 얻은 한 남자의 이야기, 『콜레라 시대의 사랑』은 비현실적인 꿈에 가깝다. 하지만 현실원칙을 넘어서 쾌락원칙을 실현하는 것이 문학이라는 점에 동의한다면 소설을 읽는 동안 각자의 욕망이 실현되는 상상을 즐기기에 충분하다.

　콜롬비아에서 태어나 학업을 마치고 유럽과 미국, 쿠바에서 특파원으로 일했으며 생애 대부분을 유럽과 멕시코에서 보낸 마르케스는 보르헤스와 함께 우리에게 잘 알려진 남미의 소설가이다. 『콜레라 시대의 사랑』이 연중 20~30도를 오르내리는 온화한 기후와 에메랄드빛 바다를 배경으로 펼쳐지는 사랑 이야기라고 해서 낭만과 열정으로 가득하지만은 않다. 사랑은 사람마다 서로 다른 모양과 빛깔이지만 그 과정은 대개 인내와 고통으로 가득하다. 찰나의 환희, 잊을 수 없는 순간을 위해 한 생을 바치는 사람의 이야기는 도달하기 어려운 아름다운 슬픔이다.

　소설의 주인공 플로렌티노 아리사는 반세기가 넘도록 페르미나 다사를 짝사랑한다. 세월의 흐름과 죽음의 공포를 넘어선, 그 집요한 인내와 헌신이 불멸의 사랑으로 읽히는 건 왜일까? 누구나 한 번쯤 꿈꾸어도 현실에서 이룰 수 없는 절대적 사랑, 그것이 아니라면 우리가 굳이 이 작품을 만날 이유는 없을 것이다. 마르케스는 얇은 크레이프를 한 장씩 벗겨 먹는 게 아니라 수직으로 잘라먹어야 입안에서 감도는 풍미를 즐길 수 있는 크레이프 케이크처럼 사랑과 결혼, 영혼과 육체, 늙음과 죽음, 사회 구조 등 다양한 층위의 이야기들을 켜켜이 펴고 쌓아 올려 다양한 맛과 향을 전한다.

영원에 도전하는 열정적 사랑

변치 않는 영원한 사랑, 그것도 일방적 사랑이 가능한가? 정신 병리적 관점에서 플로렌티노 아리사를 분석하는 일은 무의미하겠으나 일반인의 범주에서 한참 벗어난 인물이라는 점은 분명하다. 몇 년 동안 편지로 서로의 마음을 확인했으나 처음 만나 얼굴을 보자마자 "오늘 당신을 보자 우리의 사랑은 꿈에 불과했다는 것을 알았어요."라고 거절했는데, 그 남성이 50년 동안 자신을 지켜보며 남편이 죽기를 기다린다는 사실을 알게 된 페르미나 다사는 어떤 마음일지, 스토킹 범죄에 가까운 열정은 차라리 스릴러 공포 영화의 주인공으로 어울려 보인다. 현실에서 벌어진 일이라면 '사랑'이라 부르기 힘들 것이다. 상대와는 상관없는 자신의 감정에 충실한 사이코패스의 집착이 아닐까 싶다. 하지만 윤리적 원칙을 따라야 하는 현실에서 소설은 불가능한 꿈과 환상을 실현해 주곤 한다. 영원히 변치 않는 사랑을 받고 싶지 않은 사람은 없을 테니까.

페르미나 다사는 조건 좋은 상류층 남자와 결혼했으나 행복과 거리가 멀다. 그녀의 남편 후베날 우르비노 박사의 죽음이 플로렌티노 아리사가 그토록 기다리던 두 번째 기회다. 후베날 우르비노의 절친 제레미아 드 생타무르는 젊은 애인이 있음에도 "난 절대로 노인이 되지 않을 거야."라고 결심한 대로 60세에 자살하며 소설이 시작된다. 이 남자는 51년 9개월 4일을 인내한 플로렌티노 아리사가 이룬 노년의 사랑과 묘한 대조를 이른다. 청춘을 다 보내고 기약 없이 한 여자를 기다리던 플로렌티노는 죽을 때가 다 되어 드디어 사랑을 이룬다. 콜레라보다 지독한 상사병이 50여 년 만에 치유된 것이다. 그러나 몸은 예전 같지 않고 남은 시간이 많지 않다.

19세기 말부터 20세기 초까지 이어지는 세기의 사랑은 콜롬비아의 항구도시 카르타헤나가 배경이다. 이곳에는 스페인 식민지에서 독립한 후에도 전근대 사회의 모순과 식민지 시절의 고통과 상처가 남아 있다. 남편과 아내의 역할 구분이 분명하고 가부장적 태도가 용인되는 상류층 부부의 모습은 우리에게도 낯설지 않다. 페르미나 다사는 "공적인 생활의 과제는 두려움을 지배하는 법을 배우는 것이고, 부부 생활의 과제는 지겨움을 극복하는 법을 배우는 것이다."라는 말로 자기 삶을 위로한다. 누구나 자기 몫의 사랑과 욕망, 추억과 환멸을 갖고 산다. 지난 시간을 돌아보며 후회하고 자기 연민에 빠지기도 하지만 슬픔과 고통을 견디고 내일을 기다리는 사람에겐 '세렌디피티'가 찾아오기도 한다. 플로렌티노에게는 후베날 우르비노의 죽음이, 페르미나에게는 남편의 장례식에 나타난 플로렌티노의 등장이 그러하다. 뜻밖의 우연이라고 할 순 없으나 남편이 죽지 않고 더 오래 살았거나 플로렌티노의 걱정대로 자신이 먼저 세상을 떠났다면 세기의 사랑은 이루지 못한 짝사랑에 불과했을 것이다. 카리브해로 흐르는 마그달레나강의 축축하고 끈적한 분위기로 완성되는 꿈같은 사랑의 시간은 영원을 향해 나아간다. 앞서 살펴본 카뮈의 '페스트'는 질병 그 자체를 다루고 있으나 마르케스의 '콜레라'는 사랑의 알레고리다.

사랑은 시간과 장소를 막론하고 사랑이지만, 죽음이 가까이 올수록 그 사랑의 농도는 진해진다는 것을 충분히 깨달을 수 있을 정도로 함께 충분한 시간을 보냈기 때문이다.

—『콜레라 시대의 사랑』 중에서

모든 사랑은 이별을 전제로 시작된다. 마음이 변하든 죽음을 맞이하든 헤어지지 않을 방법은 없다. '검은 머리 파뿌리 될 때까지' 그렇게 죽을 때까지 한 생애를 온전히 바친 사랑을 우리는 '영원'에 비유한다. 그런 의미에서 플로렌티노 아리사는 영원에 도전하는 낭만적 사랑을 실현하는 인물이다. 이미 결혼했으며 자기에게 확신을 준 적도 없는 여자를 평생 기다리는 플로렌티노의 사랑이 궁금하다. 이별이 전제되지 않아 오히려 충만하고 영원할 수 있었을까? 온 영혼을 다 바친 사랑과 육체적 욕망의 차이를 확인하기 위해서는 아니겠으나 플로렌티노는 600명이 넘는 여자와 사랑 없는 섹스를 반복한다. 『참을 수 없는 존재의 가벼움』의 토마시를 떠올리게 하는 플로렌티노 아리사의 여성 편력은 페르미나 다사를 향한 순수한 '사랑'과 다른 차원일지 의문스럽다.

소멸하는 모든 것은 아름답게 포장되기도 한다. 죽음을 앞둔 노인의 마지막 사랑이 더 간절하고 뜨겁다. 욕망은 진화하고 사랑은 변치 않는다. 그저 인간이 변하고 욕망의 대상이 바뀔 뿐이다. 사랑의 속도와 온기가 서로 일치하지 않는 데서 비극이 시작된다.

서로 다른 사랑의 유효기간 때문에 이별이 찾아온다. 예정된 이별은 바꿀 수도 없고 멀어지는 마음을 잡을 수도 없다. 만남처럼 헤어지는 일도 자연스러운 운명이다. "내 사랑도 어디쯤에선 반드시 그칠 것을 믿는다. 다만 그때 내 기다림의 자세를 생각하는 것뿐이다. 그동안에 눈이 그치고 꽃이 피어나고 낙엽이 떨어지고 또 눈이 퍼붓고 할 것을 믿는다."[7] 식어버린 마음이든 죽음이든 기어코 이별의 순간은 오고야 만다.

결혼은 파편화된 개인의 끈끈한 연대

제목 그대로 『사랑은 지독한 그러나 너무나 정상적인 혼란』이라는 조언과 위로를 건네주는 부부가 있다. 소설처럼 낭만적인 사랑과 거리가 먼, 매우 현실적인 사랑과 결혼에 관한 이야기다. 독일의 사회학자 울리히 벡과 그의 아내 엘리자베트 벡—게른샤임은 현대인의 삶에서 사랑은 개인적인 일이지만, 결혼은 사회적 현상이라는 사실을 확인한다. 한 사회, 국가의 기본 구성단위인 가족의 개념과 형태가 조금씩 달라지는 시대를 사는 우리에게 성별 역할, 삶의 안정성, 자녀 양육 등 전통사회에서나 기대할 수 있는 결혼의 의미가 퇴색하고 있다.

사랑을 위한 결혼은 겨우 산업혁명이 시작되고 나서야 존재하기 시작했으며, 따라서 산업혁명의 발명품이었다. 그러나 사회 현실과는 정반대로 사랑을 위한 결혼은 가장 바람직한 목표로 간주 되고 있다.

―『사랑은 지독한 그러나 너무나 정상적인 혼란』중에서

근대 이전의 결혼을 위한 사랑에 비해 사랑을 위한 결혼은 의무로부터 자유로운 대신 불확실성이 증가한다. 자유로운 사랑과 낭만적 연애는 자연스럽게 자유가 확대되는 만큼 안정이 감소했음을 의미한다. 결혼 제도는 예속적이고 관계 지향적이므로 인내와 희생이 기본이다. 전통사회에서 결혼은 인생의 통과의례였고 그로 인해 감수해야 하는 문제들을 당연시했다. 그러나 근대 이후, 자아의 발견과 개인주의적 경향은 더 이상 당연한 건 없다는 자각을 통해 사랑과 결혼은 필수가 아닌 선택의 문제가 되었다.

가족 공동체의 끈끈함이 사회 구성의 기본 구조였던 시대를 지나 이제는 사랑의 종말, 즉 이혼이 쉽고 간편해졌다. 사랑이 자유로운 만큼 이별과 이혼도 선택이다. 결혼으로 맺어진 개인은 예속과 불평등을 받아들이지 않고 남편 혹은 아내와 아이들을 제외한 친족들과의 전통적 관계를 의무로 받아들이지 않는다. 이는 자연스럽게 여성의 사회 진출, 인권 의식 제고 등 뿌리 깊은 가부장제와 여성 차별이 사라지는 추세를 반영한다.

저자들은 역설적으로 이처럼 개인화된 사회에서 사랑이

더 중요해졌다고 강조한다. 결속과 안전을 추구하는 인간의 본성을 충족시켜주는 사랑이야말로 현대인에게 더없이 소중한 가치가 되었기 때문이다. 결혼하기 전에 나의 일과 너의 일을 구분하고 분명한 선 긋기로 각자의 영역과 다름을 인정하는 방식이 오히려 지속 가능한 관계를 만든다. 그렇다면 결혼은 파편화된 개인들 사이의 끈끈한 연대라고 할 수 있지 않을까?

또한 아이를 낳아 기르는 과정은 사회의 영속성 측면에서 꼭 필요하고 현실적인 문제다. 부부는 아이가 생기면 책임과 의무에 집중하며 삶의 무게 중심을 이동한다. 가족이라는 이름으로 각자의 헌신과 희생이 필요한 일이지만 남녀 간의 열정적 사랑에는 본질적인 변화가 일어난다. 저자들은 아이들을 '사랑하지만 통제할 수 없는 타자'로 인정하라고 조언한다. 부모가 아이를 자신만의 삶을 살아갈 또 다른 '개인'으로 바라볼 때 남녀 간의 사랑과 결혼도 혼란과 갈등을 피할 수 있다는 의미다.

사랑은 이제 세속적 종교가 되었다. 콜레라 시대의 사랑을 지나 코로나 시대의 사랑도 결혼과 가족제도를 외면하긴 어렵다. 플로렌티노와 페르미나의 사랑처럼 각자의 방식으로 사랑을 완성하고 삶을 살아간다. 현실에서의 사랑은 드라마와 영화처럼 화려하고 아름답진 않아도 새로운 가족을 만들어 기꺼이 개인의 자유를 결혼의 의무와 교환한다. 결혼이 사랑의 종착역인지, 사랑의 종말인지 알 수 없으나 이별과 이혼은 아무도 알 수 없는 사랑의 미래다. 다만 잊지 말아야 할 것은 모든 만남은 어떤 형태로든 이별을 전제로 한다는 사실이다. 그래서 '사랑은 지독한 그러나 너무나 정상적인 혼란'이라는 울리히 벡의 말이 오히려 위로가 된다.

　인류는 이미 비슷한 상황에서 같은 고민을 해왔다. 어느 시대든 사회적 기준과 관습을 뛰어넘는 사랑과 결혼은 끊임없이 논쟁의 대상이다. 개인의 자유, 마음의 안정과 맞바꾼 낭만적 사랑은 결과를 알 수 없는 항해와 같다. 그 불안한 미래를 향해 한발씩 나아가는 게 인간의 숙명이다. 각자의 삶에서 이것만큼 중요한 일을 찾을 수 없으며 그 과정과 결과도 온전히 스스로 감당해야 하기 때문이다.

　마르케스가 들려주는 오래된 사랑 이야기를 듣고 울리히 벡 부부가 전하는 사랑과 결혼, 가족의 문제를 깊이 고민하다 보면 일상에서 매일 겪는 고민이 조금 다르게 보일 수도 있다. "사랑에 더 많은 희망을 걸면 갈수록 사랑은 그만큼 더 빨리, 모든 사회적 결속을 잃어버린 채 허공 속으로 사라져 간다."라는 충고가 새삼스럽다.

　◉　1부에서 '나'를 중심으로 타인과 사랑에 관한 이야기를 살폈다. 이제 2부에서는 시선을 조금 넓혀보자. 숨 쉬는 공기처럼 자연스럽게 호흡하는 자본주의와 민주주의는 삶의 기본 조건이다. 그 안에서 벌어지는 일과 놀이와 예술 그리고 지구의 환경과 미래에 대해 조금 더 깊이 들여다보자.

2부

산책하며
바라보는 세상

4장

우리는 왜
소비하며 존재할까

내가 알아야 할 자본

『위대한 유산』

Great Expectations (1861)

찰스 디킨스

(Charles Dickens, 1812-1870)

현대 대중소설의 기반을 마련한 영국 문학의 거장. 찰스 디킨스는 하층민의 삶과 사회의 모순을 비판적인 시선으로 그려냈다. 가난하지만 순수했던 고아 소년 핍이 막대한 유산을 물려받게 되면서 속물적인 신사로 변해가는 과정을 담았다. 헛된 욕망을 좇다 모든 것을 잃고 나서야 비로소 진짜 소중한 가치를 깨닫는 주인공의 뼈아픈 성장이 울림을 준다. 돈과 신분이라는 허영심을 꼬집으며 핍의 몰락을 통해 이 소설은 마지막 장을 덮는 독자에게 질문을 남긴다. 과연 우리에게 진정한 '위대한 유산'은 무엇일까?

『자본론 제1권: 자본의 생산과정』

Das Kapital: Kritik der politischen Ökonomie (1867)

카를 마르크스

(Karl Marx, 1818-1883)

과학적 사회주의를 창시한 철학자이자 경제학자인 카를 마르크스는 인류 역사에 가장 큰 영향을 미친 사상가라고 할 수 있다. 이 책은 노동자가 열심히 일할수록 자본가만 부유해지는 경제 체제의 숨겨진 구조를 치밀하게 파헤친다. 자본주의의 근본적인 모순과 불평등을 고발하여 이후 전 세계의 사회 운동에 거대한 불씨를 지폈다. 마르크스 생전 출간된 자본론은 제1권이 유일하다. 2013년 유네스코는『자본론 제1권』초판본과『공산당 선언』을 세계기록유산에 등재했다.

◐ 18세기 중반부터 시작된 산업혁명이 본격적인 자본주의 시장 경제 체제의 출발이었다. 이윤 극대화 추구가 사회 발전의 동력이라는 주장에 동조하는 사람들이 많아지면서 세상의 주인이 바뀌었다. 가난이 가난을 낳듯 자본은 거대한 자본으로 증식하며 '돈'이 '사람'을 부리기 시작했다. 19세기 말부터 시작된 산업 자본주의는 1929년 뉴욕 증시 폭락으로 촉발된 대공황 이후 수정 자본주의를 거쳐 금융 자본주의로 전환되었다. 국적 없는 자본과 은행 같은 금융기관이 시장을 지배하자 생산의 주도권을 가진 주식회사도 국경을 허물었다. 보이지 않는 거대 자본이 세계인의 삶을 좌우하는 세상이 된 것이다.

1997년, IMF는 대한민국 사람들의 인생을 송두리째 뒤흔들었다. 구조조정으로 직장을 잃고, 학교를 그만두고, 이민을 떠나고…. 한순간에 일상을 잃어버린 사람들은 자본주의 시스템을 의심하거나 분노하면서도 제각각 살길을 찾기 바빴다. 강도 높은 구조조정으로 기업이 무너지고 실업자가 폭발적으로 늘었으나 25%를 넘나드는 금리에 현금을 보유한 부자와 자본가는 현실이 그대로 유지되기를 바랐다. 언제나 그렇듯 정부

와 정치인들은 책임 떠넘기기에 바빴고 거의 모든 고통은 대다
수 서민의 몫으로 돌아갔다. 비정규직 확산으로 상시적인 고용
불안에 시달리게 되었으며 부채를 갚기 위해 금 모으기 운동이
시작됐다. IMF 사태로 직업을 바꾸고, 학업을 중단하고, 가족이
해체된 사람들의 고통은 지금까지 그 흔적이 남아 있다. 하지만
자본주의는 그 형태를 바꿔가며 여전히 우리 삶을 지배한다. 신
분도 계급도 사라지고 돈으로 말하는 세상에서 현대인은 때때
로 삶의 목적과 방향을 잃고 방황한다.

소설은 현실보다 더 현실 같은 시대를 환기한다

산업 자본주의가 본격화하던 시대, 영국의 빅토리아 시대
를 대표하는 소설가 찰스 디킨스는 집안이 어려워지자 열두 살
에 런던의 구두약 공장에서 견습공으로 일했다. 하루 10시간의
노동을 견디며 어른들의 세상을 경험했다. 해가 지지 않는 대영
제국 대도시 런던의 이면에는 참혹한 빈곤과 비인간적 아동노
동 등 수많은 사회적 갈등과 모순이 자리 잡고 있었다. 찰스 디
킨스는 『올리버 트위스트』, 『크리스마스 캐럴』 등 가난하고 고
통받는 사람들의 이야기로 영국을 대표하는 소설가가 되었고,
영국 자본주의와 프랑스 대혁명의 이면을 파헤치며 시대를 통
찰한 『두 도시 이야기』라는 인상적인 소설을 남겼다. 작가가 몸
으로 겪은 빈곤 문제, 사회 계층에 대한 비판적 시선은 우리 시

대 현실에서도 그리 낯설지 않다. 찰스 디킨스는 세상 사람들을 향해 소설보다 지독한 현실이 괜찮으냐고 묻는 듯하다. 그리고 『위대한 유산』을 읽은 독자들에게 자기 삶에서 진정 '위대한 유산'은 무엇인지 돌아보게 한다.

예술은 현실을 다른 시선으로 보게 하고, 관점을 바꾸라고 재촉한다. 사진보다 더 사진 같은 그림을 그리는 로베르토 베르나르디, 라파엘라 스펜스의 극사실주의 그림을 보면 감탄이 절로 나온다. 그러면서 모든 사람이 카메라를 가지고 다니는 시대에 사진처럼 정교한 그림이 어떤 의미가 있는지 궁금해진다. 프랑스의 사회학자 장 보드리야르는 가상의 이미지 자체가 실체를 대체하는 사태를 '시뮬라시옹^{simulation}'이라는 개념으로 설명했다. 극사실주의 화가들은 이를 증명하듯 사진과 그림을 구분할 수 없을 정도의 정교함으로 현대 사회의 아이러니를 드러낸다. 찰스 디킨스의 소설도 극사실주의 그림처럼 치밀한 묘사를 통해 현실을 구체적으로 재현하며 시대를 드러냈다. 소설의 주인공들은 온기를 가진 인간처럼 현실에서 살아 숨 쉬는 듯하다.

『위대한 유산』의 주인공 '핍'은 자기 이름 '필립'을 제대로 발음하지 못하던 어린 시절부터 스스로 자신의 존재를 증명해야 했다. 부모와 다섯 명의 동생을 모두 잃고 홀로 남겨진 핍의 미래는 상상하기 어렵지 않을 것이다. 그러다 갑자기 하늘에서 막대한 유산이 뚝 떨어지는 행운이 생겼다. 출처 불명의 유산을 받는 조건은 유산 전달자를 비밀로 할 것과 신사로 성장해야 한다는 것이다. 19세기의 신사는 일하지 않고도 먹고 살 만큼 유산을 상속받은 사람들에게나 가능한 신분이다. 가난한 고아 핍은 신사가 되기로 결심하며 인생 역전을 꿈꾼다. 스무 살이나 많은 누나와 대장장이 매형 조 가저리가 핍을 돌보던 어느 날 우연히 탈옥한 죄수를 도왔던 일이 핍의 운명을 뒤바꾼 것이다.

오래전 결혼식 날 남편에게 버림받고 은둔생활을 하는 해비셤의 양녀 에스텔라를 만났을 때부터 비참한 환경과 자기 신분에 절망했던 핍은 신사로의 신분 상승을 꿈꾸며 런던으로 떠난다. 그러나 갑자기 로또에 당첨된 사람 대부분이 그렇듯 허영으로 가득 찬 속물이 되어 사치와 낭비로 빚까지 지게 된다. 유산을 물려준 사람이 어릴 적 늪지대에서 도와주었던 죄수 매그위치였다는 사실이 드러나고, 런던 사교계의 우아한 숙녀로 성장한 에스텔라가 그 딸이라는 아이러니한 사실이 밝혀진다. 결국 매그위치가 탈옥에 실패하고 사형 집행 직전 숨지자 물려주기로 했던 전 재산이 국가에 몰수되고 핍은 빚더미에 올라앉는다.

나에게 위대한 유산은 무엇인가

자본주의 사회에서 상속은 물질적 '부'만을 가리키지 않는다. 프랑스 사회학자 피에르 부르디외에 의하면 경제 자본뿐만 아니라 사회 자본, 문화 자본, 상징 자본의 영향으로 취향, 습성 등 제2의 본성인 '아비투스habitus'를 물려주는 것이 진정한 상속이다. 핍으로 대표되는 빅토리아 시대의 가난한 하층 계급은 경

제 자본뿐 아니라 지식과 학력, 교양과 예술적 취향까지 형편없
는 수준이었다. 자본이 부족한 사람들은 상층 계급과 취향이 다
르고 사고방식도 차이가 크다. 사회문화적 환경 차이로 결정되
는 아비투스가 결국 핍이 진정한 신사로 성장하지 못하게 만든
걸림돌이었는지 모르겠다. 찰스 디킨스는 자본주의 사회를 비
판하거나 인간의 속물근성을 비난하고 물질만능주의 세태를 염
려하는 데 그치지 않았다. 이 소설은 인간은 무엇으로 사는지,
세상은 어떤 곳인지 비춰주는 거울의 역할을 할 뿐이다. 우리는
경제력이 곧 삶의 조건과 태도를 결정하는 세상에 산다. 탄생
배경과 사회적 환경이 삶을 결정하는 사회에서 여전히 묻지 않
을 수 없다. '나'에게 '위대한 유산'은 무엇이냐고.

　　핍은 무엇을 위해 신사가 되고 싶었을까? 계층이동, 신분
상승을 다룬 이야기 구조는 「신데렐라」부터 「왕자와 거지」, 「춘
향전」에 이르기까지 시대를 막론하고 어디서나 통용된다. 문제
는 상황과 맥락에 따라 달라지는 사람들의 욕망과 태도다. 이
소설에서 진정한 '신사'는 매형 조 가저리가 아닐까? 변함없는
성실함과 겸손, 핍을 향한 애정과 도움의 손길은 아무나 가질
수 없는 인성이다. 찰스 디킨스는 경제적 유산이 아니라 타인을
향한 태도와 삶의 자세를 말없이 보여준 조야말로 진짜 신사가
아니냐고 웅변한다.

　　현실적인 문제를 외면하며 살 수는 없기 때문에 자본주의
시스템과 실물 경제를 이해하는 일은 매우 중요하다. 다만 마이
클 샌델이 말하듯 『돈으로 살 수 없는 것들』에 대해 생각해 보

는 시간도 필요하다. 그것은 숫자로 표시할 수 없는 정신적 가치와 태도와 인성을 포함하는 그 무엇이기 때문이다. 불법과 편법으로 쌓은 '초라한 재산'보다 소중하고 귀한 '자기만의 유산'이 있는지 돌아볼 때 비로소 찰스 디킨스가 건넨 질문들에 답할 수 있을지도 모른다.

찰스 디킨스가 『위대한 유산』을 발표하고 6년 후에 카를 마르크스가 『자본론』을 출간했다. 읽지 않은 사람들의 오해와 비판, 읽은 사람들의 아전인수식 해석까지 이 책을 보는 관점이 다양하다. 인류의 근현대사를 추동하는 힘의 원천이었다고 해도 좋을 만큼 마르크스와 『자본론』은 정치, 경제는 물론 사회, 역사, 철학, 문화 등 거의 모든 분야에 영향을 미쳤다.

이념과 문명의 충돌로 인해 지독한 혼란을 겪었던 20세기를 떠올려 보자. 산업혁명 이후 자본주의는 소수 자본가와 기업가에게 부가 편중되는 문제를 해결하지 못했고 19세기 후반부터는 혁명의 불씨가 확산되었다. 1845년 마르크스가 「포이어바흐에 관한 테제」에서 "지금까지 철학자들은 세계를 다양하게 해석하려고만 했다. 이제 중요한 것은 세계를 변화시키는 일이다."[8]라고 말했다. 이를 온몸으로 실천한 사람이 블라디미르 레닌이다. 그는 1917년 마침내 공산주의 혁명에 성공했다. 이후 20세기 내내 러시아와 미국의 냉전이 이어졌고 전 세계는 이념전쟁으로 몸살을 앓았다. 1989년 베를린 장벽의 붕괴, 1991년 소비에트 연방공화국 해체는 새천년을 향한 인류의 또 다른 발걸음이었으며 한 시대를 마감하는 이정표였다.

이제 21세기를 사는 사람들에게 자본주의는 물과 공기처럼 자연스러운 경제체제다. 그러나 시스템에 문제가 생길 때마다 마르크스를 소환한다. 세상에 완벽한 제도나 이념이 있을 리 없다. 시대와 상황에 따라 사람들의 생각과 감정이 달라졌고, 욕망의 크기가 바뀐다. 그런 의미에서 마르크스의 생각은 철 지난 유행가로 치부할 수도 없고, 여러 경제학 이론 중의 하나로 평가절하하기도 힘들다. 인간의 욕망과 가치, 자본의 본질을 꿰뚫어 보며 좀 더 나은 세상을 만들고 싶다는 마르크스의 꿈은 여전히 유효하기 때문이다.

지금 다시 마르크스를 만나야 하는 이유는 자명하다. 인류의 역사를 돌아보면 이념과 사상 너머에 언제나 먹고 사는 문제가 놓여 있다. 자유롭고 평등하다고 믿고 싶은 대한민국에서 편견을 걷어내고 『자본론』을 다시 읽는다면 새로운 미래를 만드는 데 필요한 아이디어를 얻을 수도 있지 않을까?

물과 공기 같은 자본주의 바로 알기

『자본론』의 원제는 '자본'이다. 마르크스는 '정치경제학 비판'이라는 부제로 1867년 『자본론』 1권을 출간했다. 2권과 3권은 마르크스 사망 이후 엥겔스가 원고를 정리해서 출간했다. 경제에 대한 지식이 부족하면 내용이 어렵고 이해하기 어려운 부분이 많다. 특히 2권과 3권은 자본의 회전, 사회적 총자본, 잉여

가치율, 초과이윤 등에 관한 이론 설명이 주를 이룬다. 하지만 1권은 상품과 화폐, 노동과 임금, 잉여가치와 자본의 축적 과정에 관한 개념 설명이 대부분이다. 고전 경제학의 문제점을 짚어 가며 자본가가 아닌 노동자, 즉 우리 서민들이 겪는 어려움과 가난의 원인을 현실적으로 분석한다. 물론 마르크스가 고민했던 19세기 영국과 21세기 한국의 경제 상황은 전혀 다르다. 노동 환경, 복지 측면에서도 비교할 수 없다. 그러나 자본이 이익을 창출하는 과정, 노동력을 제공하고 임금을 받는 구조, 이윤 추구를 향한 끝없는 욕망은 조금도 달라지지 않았다.

> 상품의 가치는 그 상품에 체현된 노동량에 정비례하고 노동생산성에 반비례한다. 이제 우리는 가치의 실체를 알았다. 그것은 노동이다. 우리는 가치의 크기의 척도를 알았다. 그것은 노동시간이다.
>
> ― 『자본론 I』 중에서

의류 공장에는 원재료인 긴 두루마리 옷감들이 쌓여있다. 재단과 바느질 혹은 재봉 기계를 이용해 옷이 만들어지면 비로소 상품으로서 가치가 생긴다. 최종 소비자인 우리가 직접 구매하거나 인터넷으로 주문하는 상품은 원재료의 가격에 노동력과 노동시간 그리고 판매자의 이윤이 더해져 가격이 결정된다. 원자재 가격 변동, 재고 여부, 경쟁 상품, 유통 경로 등 다양한 요소가 반영되어 가격이 달라진다. 노동자의 노동량과 노동시간이 상품의 사용 가치를 결정하고 교환 가치에 따라 화폐로 거래된다. 상품이 화폐로 전환되고 화폐가 상품으로 재전환되는 교환 거래의 반복이 자본주의 시장 경제의 기본 구조다. 이렇게 'C-M-C'의 순환구조, 즉 상품commodity과 화폐monetary가 끊임없이 교환되는 순환운동이 벌어진다.

그런데 같은 가격으로 동일한 가치의 상품이 순환할 리 없다. 화폐, 즉 자본은 'M-C-M''으로 전환된다. 돈이 있어야 옷감을 살 수 있고 재단하고 옷 만드는 사람을 고용할 수 있다. 판매 금액에서 재료비와 임금 등을 제외하고 나머지가 자본가의 이윤이다. 한마디로 노동자가 받는 임금보다 조금이라도 더 많이 창출한 잉여가치가 자본가의 몫이다. 물론 이윤이 잉여가치에서만 나오는 건 아니다. 하지만 기본적으로 노동력만을 제공하고 임금을 받는 사람과 자본을 투자해서 이익을 창출하는 사람의 생각과 태도가 일치할 수 없다. 마르크스는 M'가 M보다 클 수밖에 없고 그 잉여가치는 노동자가 창출한다는 점과 더불어 자본의 운동에서 사람들은 상품보다 화폐를 더 선호한다는 점이 자본주의가 안고 있는 근본적인 문제라고 지적한다. 이 과정에서 화폐가 부족할 수밖에 없고 자본주의 사회에서 공황은 필연적으로 발생한다는 것이다. 상품은 충분하지만 사람들이 돈을 쓰지 않아 시장에 화폐가 부족한 상황이 '디플레이션'이다. 놀랍게도 마르크스가 예측한 대로, 1930년대 미국 대공황이 발생했고 그 원인이 바로 전형적인 디플레이션이었다.

실물 경제를 익히고 경제적 풍요로움을 위해 마르크스의

이야기를 귀 기울여 듣는 사람은 많지 않다. 이미 한물간 좌파 경제학자의 철 지난 이론으로 현재 내 삶을 풍요롭게 할 수는 없다고 생각하기 때문이다. 그러나 자본주의는 더 이상 경제학자의 연구 대상이나 정치적 논쟁거리가 아니다. 거의 모든 지구인에게 물과 공기처럼 생존에 필수적인 환경이다. 자본주의가 안고 있는 근본적인 모순과 수많은 문제 상황을 해결하기 위해서 『자본론』을 참고하는 정도면 충분하다.

1850년 영국의 공장법은 하루 10시간으로 노동시간을 규제한다. 그러한 법적 제한이 없던 산업 분야 노동자들의 삶은 마르크스의 표현대로 단테가 『신곡』에서 상상한 지옥을 능가한다. 마르크스가 1권 '제10장 노동일'에서 인용하는 영국의 「아동노동 조사위원회 보고서」에는 찰스 디킨스가 직접 겪은 일들 일부가 포함됐을 것이다. "섬세한 견직물을 만들기 위해서는 손끝이 부드러워야 하는데, 그것은 어려서부터 공장에 들어와 일함으로써 확보할 수 있다(「공장감독관 보고서」, 1846년 10월 31일)." 물론 소설보다 현실이 더 참혹했다. 당대의 현실을 담아낸 디킨스의 소설이 큰 반향을 불러일으킨 이유를 충분히 짐작할 수 있다.

자본주의 사회를 살아가는 사람들이 공감하고 그들이 '나' 자신임을 상기시키는 이야기는 오늘도 계속된다. 그 형태만 달라졌을 뿐 상품을 생산하고 서비스를 제공하는 일에 종사하며 노동자이자 소비자로 살아가는 우리에게 동시대인이었던 마르크스와 찰스 디킨스는 서로 다른 방식으로 위로와 격려를 보낸다. 누군가는 문학으로 누군가는 경제 이론으로 세상을 해석하고 또 누군가는 변화시키려 노력한다.

자본주의 작동 방식은 21세기에도 크게 다르지 않다. 그러므로 오늘보다 나은 행복한 내일을 꿈꾼다면 자본주의 바로 알기는 피할 수 없는 현대인의 숙제다. 이제 더 나은 미래를 위한 상상력이 필요할 때다. 어쩌면 우리는 실현할 수 있는 미래를 꿈꾸며 고전에서 길을 찾는 게 아닐까?

행복을 위한 욕망의 크기

『고리오 영감』

Le Père Goriot (1835)

오노레 드 발자크
(Honoré de Balzac, 1799-1850)

19세기 프랑스 사실주의 문학의 문을 연 오노레 드 발자크는 당대 사회를 현미경처럼 관찰해 '사회라고 하는 커다란 책자'를 써 내려간 위대한 작가이다. 돈과 허영에 눈이 먼 두 딸에게 재산을 모두 바치고 비참하게 버림받은 고리오 영감의 비극을 그렸다. 딸들을 향한 맹목적인 사랑과 출세를 위해 양심을 버리는 청년의 모습이 대비되며 물질만능주의를 날카롭게 꼬집는다. 돈 앞에서는 인간과 가족의 도리마저 무너지는 차가운 세상, 그 민낯을 폭로한 걸작이다.

『유한계급론』

The Theory of the Leisure Class (1899)

소스타인 베블런
(Thorstein Veblen, 1857-1929)

19세기 말 노르웨이 이민자 출신으로 독창적인 이론을 펼친 경제학자 소스타인 베블런은 자본주의 사회의 소비 행태를 날카롭게 비판했다. 이 책은 돈 많은 부유층이 자신의 부와 권력을 과시하려고 필요 없는 물건을 낭비하듯 사들이는 현상을 분석했다. 쓸모가 아니라 남에게 보여주기 위해 소비하는 '과시적 소비'라는 개념을 처음으로 제안하여 경제학의 새로운 시각을 열었다. 끊임없이 남과 비교하며 신분 상승을 꿈꾸는 현대인의 헛된 욕망을 꿰뚫어 본 예리한 통찰이 돋보이는 고전이다.

◉ 근대 이후 세상의 주인이 바뀌었다. 왕과 귀족, 성직자가 다스리던 나라가 민중demos이 스스로 지배cratos하는 민주주의democracy 국가로 재탄생했다. 전통적 계급 사회가 무너진 계기는 프랑스혁명 같은 정치 제도의 변화가 아니라 인간의 생존과 직결된 '먹고사니즘'의 문제로 볼 수 있다. 산업혁명으로 신흥 부르주아가 등장하면서 '자본'을 축적할 수 있게 되자 돈은 권력과 명예까지도 복종시킬 수 있는 막강한 힘을 발휘했다. 민주주의라는 정치 체제와 자본주의라는 경제 제도는 현재까지 인류 사회의 표준으로 작동하고 있다.

19세기 유럽은 용광로처럼 들끓었다. 뜨거운 가슴으로 일으킨 혁명과 차가운 머리로 계산한 자본주의의 이익이 충돌하기 시작한 것이다. 변화를 추동하는 근본적인 힘은 '경제적 불평등'과 막강한 '자본의 힘'이었다. 합리적 이성은 모든 인간이 존엄하며 자유롭고 평등하게 살 권리가 있다는 사실을 깨닫게 했다. 또한 산업혁명으로 촉발된 자본주의는 개인의 노력과 기회가 보장된 세상을 꿈꾸게 했다. 태어나는 순간 운명이 결정되던 시대를 지나 누구나 자기 삶을 선택할 수 있는 '가능성의 시대'가 열린 것이다. 누구나 노력하면 부자가 될 수 있는 세상이 도래하면서 현대인의 희망 고문이 시작됐다고 해도 과언이 아니다.

시대의 욕망에 충실했으며 이를 가장 정확하게 담아낸 작가, 발자크가 이번 글의 주인공이다. 오스카 와일드는 '19세기는 대부분 발자크의 발명품'이라며 감탄했다. 발자크는 역사, 경제, 통계 관련 자료를 따로 찾아볼 필요가 없을 만큼 자본주의적 인간의 욕망과 일상을 정확히 묘사했기 때문이다. 그는 법학을 전공했으나 문학에 매료됐고 사업 실패로 빚을 갚기 위해 소설을 쓴 생계형 작가이다. 사치와 허영이 가득했으며 귀족을 숭배하고 왕당파로 자처했던 모순적 인물이기도 하다. 슈테판 츠바이크는 아이러니하게도 그 결함이 발자크를 위대한 작가로 만들었다고 평가했다.[9]

> 그는 있는 그대로의 세상을 보았다. 법과 도덕은 부자에게서 아무 힘도 발휘하지 못한다. 그리고 '이 세상 최후의 논리'를 돈에서 보았다.
>
> —『고리오 영감』 중에서

오늘 우리의 현실과 한 글자도 다르지 않아 보이는 문장이다. 여러 가지 이유로 '보케 하숙집'에 사는 사람들과 딸바보 고리오 영감이 이사 오면서 소설이 시작된다. 그는 혁명의 혼란을 틈타 제면업으로 큰돈을 벌었으나 두 딸의 결혼 지참금과 이후에도 계속된 경제적 지원으로 몰락하는 중이다. 이와 달리 시골에서 파리로 유학 온 법대생 외젠 드 라스티냐크는 친척 보세앙 부인을 통해 사교계의 고급 살롱을 경험하고 혼란에 빠졌다. 하숙집에 거주하는 사람들의 수입과 하숙비, 당시 사교계에 필요한 지출 등을 꼼꼼하게 설명하는 발자크는 외젠을 통해 '세상의 논리', 즉 돈이 지배하는 이치를 깨닫게 한다. 현실적 속물인 발자크는 소설의 등장인물들을 통해 이를 감추거나 포장하지 않는다.

사랑과 행복이 유지될 수 있는 현실 조건

『고리오 영감』은 1819년 11월 말로 시대적 배경을 특정한다. 이때는 프랑스 대혁명과 제정 시기를 거쳐 부르봉 왕정복고 시기였으며 1799년생인 발자크가 성인이 될 무렵이었다. 루이 18세가 통치하던 시기의 프랑스는 영국에서 시작된 산업혁명이 본격적으로 전파되었으나 전통 귀족의 삶을 향한 부르주아와 민중의 내재한 욕망은 여전했다.

사회 구조, 즉 정치와 경제 체제가 급변해도 인간의 관습과 문화, 취향과 욕망은 하루아침에 변하지 않는 법이다. 마르셀 프루스트의 『잃어버린 시간을 찾아서』에서도 전통 귀족의 살롱 문화와 신흥 부르주아의 욕망이 교차한다. '그때 그 시절'에 대한 향수를 가진 사람들은 어느 시대나 변화와 개혁을 추구하는 사람들과 충돌한다. 시대 흐름에 따라 새로운 길을 찾는 사람보다 기존 질서에 순응하는 사람들이 많은 것처럼 대부분은 신분 상승과 속물적 욕망을 채우는 데 충실하다. 발자크는 당대를 살아가는 다양한 사람들의 세속적 욕망을 적나라하게 드러낸다.

오늘을 사는 우리도 크게 다르지 않다. 이루고 싶은 꿈과 삶의 가치를 고민하지만 한 번쯤은 명품 백과 슈퍼 카를 꿈꾼다. 물질적 풍요로움을 욕망하는 건 죄가 아니지만 그것을 인생의 목표로 삼으면 문제가 생기기 마련이다. 축적된 부를 바탕으로 그럴듯한 명분을 추구하려는 삶은 어느 시대나 비슷했다. 19세기 자본주의형 인간은 전통 귀족의 삶을 동경했다. 신분 상승의 욕망은 결국 넉넉한 돈과 고급문화 취향이었다. 그러나 신분 질서가 완전히 사라지자 21세기 현대인은 자본의 위력 앞에서 한없이 작아진다. 이 소설에서 보트랭이 외젠에게 빅토린 타유페르와 결혼을 권유하는 이유도 마찬가지다. 타유페르와 결혼하면 그녀의 부유한 아버지로 부터 거액의 상속을 기대할 수 있기 때문이다. 가난한 외젠은 고리오 영감의 둘째 딸 델핀 남작 부인을 향한 낭만적 사랑보다 타유페르를 선택하는 것이 현실적이다.

우리는 운명적인 만남과 열정이 넘치는 낭만적 사랑보다 세속적 성공과 경제력이 사랑의 조건인 시대를 살고 있다. 현재 우리 삶은 소설 속 등장인물들과 얼마나 다를까? 고리오 영감은 80만 프랑의 지참금으로 첫째 딸을 전통 귀족인 레스토 백작과 결혼시켰다. 둘째 딸도 신흥 부르주아 은행가인 뉘싱겐 남작과 결혼했다. 1830년 7월 혁명은 복고한 왕정을 무너뜨렸고 부르주아의 완승을 선언하며 프랑스 자본주의의 본격적인 출발을 알렸다. 권력이 왕과 귀족에서 금융자본과 부르주아에게 넘어간 것이다. 그리하여 구체제의 신분은 신흥 자본가의 돈으로 대체되었다. 자본 권력은 지금까지 변함없이 유지되고 있으며 점점 더 막강한 힘을 과시한다.

사람을 평가하는 사회적 기준은 어떻게 결정되는지, 소설을 읽는 동안 우리는 자본주의 사회를 살아가는 초라한 '나'를 떠올리게 된다. 그리고 학벌과 직업이 결국 자본과 결탁할 수밖에 없는 현실을 직면한다. 부모의 사회경제적 지위와 경제력이 자녀의 삶을 지배했던 과거와 지금은 얼마나 달라졌는지 확인하고 싶어진다. 소설에서 발자크는 보트랭을 통해 열심히 공부하는 것보다 부유한 여자와 결혼해서 벼락부자가 되는 게 낫다고 외젠을 충동질한다. 그게 왜 남는 장사인지 계산기까지 대신 두들겨 준다. 세상이 돌아가는 이치를 솔직하게 드러내는 용기에 박수를 보내고 싶을 정도다. 부동산과 주식, 코인에 집착하는 현대인은 소설의 등장인물 중 누구를 닮았을까?

발자크는 사람마다 욕망의 크기가 달라도 돈이 없으면 사랑과 행복이 유지될 수 없는 현실을 적나라하게 보여준다. 그가 인간과 사회의 기본적인 속성을 보여주는데 충실한 사실주의 문학의 출발이라는 평가를 받는 이유도 여기에 있다. 고리오영감의 두 딸과 외젠이 바로 '나'의 모습일지도 모른다. 오늘의 '나'를 발견하는 소설은 씁쓸하다. 인생의 목적과 결과보다 방향과 태도를 고민하게 만드는 게 고전의 역할 중 하나다. 소설은 꿈과 용기를 주기도 하지만 제대로 보지 못하는 현실의 이면을 탈탈 털어내는 역할을 하기도 한다.

시대적 흐름과 이에 대한 예술가의 반응은 상호보완적이다. 예술가는 세상의 변화에 반응하기도 하고, 사람들의 생각을 바꿔 놓기도 했다. 사회와 예술은 그렇게 변화, 발전하며 역동적 관계를 맺는다. 장 푸랑수아 밀레의 〈이삭 줍는 여인들〉, 에두아르 마네의 〈올랭피아〉, 〈피리 부는 소년〉, 귀스타브 쿠르베의 〈돌 깨는 사람들〉은 왕과 귀족이 아니라 평범한 사람들을 그렸다. 예술의 주인공으로 거듭난 민중의 모습은 우리에게 친근하고 익숙하다. 놀랍게도 이들이 주목받는 세상이 된 것이다. 신화와 역사적 모티프에서 벗어나 동시대인의 일상을 반영하는 태도가 모더니즘의 기본이다. 왕과 귀족의 낭만적 사랑 이야기가 아니라 구질구질한 고리오 영감과 보케 하숙집 사람들의 일상에 공감하는 시대가 열렸다.

그들과 구별 짓는 과시적 소비

본격적으로 자본주의 사회로 접어드는 세상의 모습을 들여다본 경제학자가 소스타인 베블런이다. 소스타인 베블런의 『유한계급론』은 『고리오 영감』의 등장인물들을 하나하나 분석하는 것처럼 읽힌다. 새천년을 맞는 1999년의 희망과 혼란이 생생한데, 19세기가 마감되던 1899년은 어땠을까? 이 시기 록

펠러와 카네기로 대표되는 미국의 독점자본주의° 체제와 맞물린 초부자들의 사치와 향락은 노르웨이 이민자 출신에게 어떤 모습으로 비쳤을까? 경제학과 철학을 공부한 소스타인 베블런은 1899년 『유한계급론』으로 미국식 자본주의 사회를 신랄하게 비판한다. 개인의 합리적 선택과 행동을 기반으로 한 신고전 경제학자들과 달리 소스타인 베블런은 사회진화론의 관점에서 경제 문제를 들여다봤다. 마르크스 경제학도 예외 없이 비판의 대상이었으니 좌우를 막론하고 세상 사람들은 베블런에게 곱지 않은 시선을 보냈다.

프로테스탄트 이민자들의 탐욕을 지켜본 베블런은 추상적 이론과 관념적 경제학보다 생활밀착형 사회학과 경제학에 관심을 가졌다. 그는 기존 경제학 이론과 전혀 다른 비판적 관점으로 현실을 분석하여 어디에서도 환영받지 못하고 평생 이방인으로 살았다. 그러나 장 보드리야르의 『소비의 사회』나 피에르 부르디외의 『구별 짓기』에서도 확인할 수 있을 만큼 '베블런 효과'°°는 일시적 현상이 아니라 현대인의 소비와 욕망을 살피는 데 중요한 역할을 하고 있다.

° 19세기 말 장기 불황을 계기로 기업의 흡수, 합병으로 거대 기업에 탄생하자 생산과 자본이 집중되어 산업자본과 은행자본이 결합한 거대한 소수의 독점 기업이 지배적인 힘을 가지게 된 상태를 말한다.

°° 고가의 와인과 명품백 등 사치품, 즉 과시적 소비의 대상은 허영심을 자극할 만큼 높은 가격을 책정할수록 오히려 수요가 증가하고 판매량이 증가하는 효과를 발휘한다.

사회를 구성하는 어떠한 계급도, 심지어 절대빈곤에 시달리는 빈민조차도 모든 관습적인 과시적 소비의 유혹을 떨쳐버리지 못한다. 이러한 소비의 범주에 속하는 최신 품목들은 가장 극단적인 생계의 압박에 시달리는 사람들을 제외하면 누구나 그것들을 소비하려고 든다.

—『유한계급론』 중에서

사람은 누구나 사회적 상황에 따라 경제 활동을 한다. 그런데 각자의 주머니 사정에 따라 합리적으로 소비하는 게 아니라 타인의 시선, 유행 등 공동체의 지향점이 소비성향에 영향을 미친다. 유명 인사, 연예인, 인플루언서가 입는 옷과 신발, 가방, 집과 자동차에 대한 선망으로 기업들은 '밴드웨건 효과'°를 톡톡히 본다. 베블런은 생산적 노동을 하지 않고도 소비하며 여가 생활이 가능한 계층을 '유한계급'으로 분류했다. 왕은 물론 성직자와 귀족이 여기에 해당한다. 조선시대 양반 계층과 인도의 브라만 등을 떠올리면 된다.

신분 질서가 무너진 민주주의 국가에도 유한계급은 분명히 존재한다. 자본주의는 또 다른 유한계급을 탄생시켰다. 산업자본주의에서 금융자본주의로 이행한 19세기에 본격적으로 유한계급이 새로운 상류층으로 자리 잡았다. 대체로 부동산이나

° Bandwagon Effect. 미국 서부 개척 시대에 금광이 발견됐다는 소문에 마차들이 몰려드는 상황을 비유한 말로 대중적 유행, 쏠림, 편승 효과라고도 한다.

주식 등 금융 소득으로 일하지 않고도 부유한 삶이 가능한 사람들이다. 이들은 산업공동체 내부에서 살아가는 게 아니라 그것을 이용해서 살아가는 사람들이다.

베블런은 유한계급이 '정치, 전쟁, 종교의식, 스포츠' 등 네 가지 활동 분야에 종사한다고 밝혔다. 비생산적인 상류계급이 하는 일은 여전하다. 여유가 없는 생산계급과 달리 이들은 자연스럽게 자신의 권력과 사회적 지위를 드러내기 위한 과시적 소비에도 소홀하지 않다. 이들에게 옷, 신발과 모자, 가방, 자동차는 일종의 '증명용', '과시용' 도구다. 많은 사람이 추종하면 그들은 더 비싼 제품과 브랜드를 만들고 소비한다. 유한계급의 무한계급과 구별 짓기는 끝나지 않는 꼬리물기 게임과 같다. 베블런은 "도시에서는 남부럽지 않은 재산을 보유한 계층에 속한다는 사실을 보여주기 위한 과시적 소비에 상대적으로 비용을 더 많이 지출할 필요가 생긴다."라고 말한다. 영국 왕실에서 사용한다는 찻잔과 접시를 사용하고, 초고가 가방을 들고 초대형 승용차를 타며 프랑스산 최고급 와인을 마시는 생활은 결국 재력을 뽐내기 위한 과시적 낭비라는 의미다.

우리가 흔히 일컫는 중산층은 이제 유한계급의 문화적 취향을 공유하며 더 큰 소비 욕망을 키워간다. 사교계의 살롱 문화 대신 현대인의 손에 쥔 SNS야말로 과시 욕망의 끝판왕이다. 이를 추종하는 다수의 서민을 향해 소스타인 베블런은 영원히 따라잡을 수 없는 게임이라고 경고한다. 패배가 확정된 게임에 참여한 사람들은 열패감과 좌절만 키울 뿐이다.

베블런은 과시적 소비와 여가를 즐기며 생산노동을 면제받은 유한계급은 필연적으로 보수주의자가 될 수밖에 없다고 말한다. "보수주의는 갈수록 더 부유한 사람의 성격이 되고 사회에서도 더 존경받는 요인이 됨으로써 명예롭거나 고상한 어떤 가치를 획득하기에 이른다." 이와 같은 이유로 유한계급에 속하지 않는 사람들이 기존의 사회 체제와 경제 제도에 적응하며 오히려 그들의 가치와 취향을 선망하기 때문에 자기 계급에 반하는 정책과 정당을 지지하는 현상이 벌어지기도 한다.

소비와 욕망 사이에서 다른 길을 찾을 수 있을까

우리는 유한계급을 이중적 시선으로 바라볼 수밖에 없다. 건물주가 되어 여행 다니며 살고 싶다는 꿈을 누가 비난할 수 있겠는가? 부모의 재산과 사회적 지위가 삶을 결정하는 게 대한민국만의 문제는 아니다. 아마 세상이 열 번 바뀌어도 이런 구조는 쉽게 변하지 않을 것이다. 비트코인으로 큰 수익을 올려 직장을 그만둔 사람들, 부모가 물려준 건물에서 월세를 받는 사람들을 곱지 않은 시선으로 바라보는 건 단순히 시기와 질투와 부러움 때문일까? 물론 이들은 베블런이 지적했던 전통적 '유한계급'과는 조금 다르지만, 경쟁과 생존에 내몰린 사람들에게 유한계급은 언제나 선망의 대상이 아니었던가. 하지만 유한계급이 되기 위해 열심히, 최선을 다해, 하루하루 치열하게 사는 게 정답이 될 수 있을지는 모르겠다.

『유한계급론』이 출간되고 14년 뒤에 베르너 좀바르트는 "빨리 부자가 된 서민 출신의 사람들은 그 부를 주로 사치를 위해서 쓴다."라고 지적했다. 명예욕과 감각의 즐거움을 위한 '사치'가 서민들이 유한계급을 모방한 '과시적 소비'에 불과하다는 지적이다. 고리오 영감의 두 딸이 대표적인 사례다. 결혼 지참금과 남편의 재력으로 유한계급이 되었으나 그들은 행복과 거리가 멀었다. 하지만 결혼으로 유한계급이 되라고 종용 당하는 외젠은 "자, 이제 파리와 나, 우리 둘의 대결이다!"라고 외친다. 이 소설을 사랑과 결혼, 행복한 인생은 자기가 속한 계급과 무관하다고 평범하게 요약할 수 있을까? 발자크와 베블런의 이야기를 통해 '세상'과 대결하려는 '나'를 잘 파악해야 한다. 그렇게 자본주의 사회에서 자기 삶의 목표와 가치, 방법과 태도를 고민하는 시간은 반드시 찾아올 것이다.

누구나 비싸고 고급스러운 물건을 마다하지 않으며 편안하고 풍족한 생활을 원한다. 그리하여 자본주의가 욕망을 자극하고, 과시적 소비를 부추기는 악순환은 멈추지 않는다. 『고리오 영감』에 등장하는 속물들을 통해 발자크가 가감 없이 드러낸 당대의 파리는 지금의 대한민국을 많이 닮았다. 고전은 여전히 그때 거기 '그들'을 통해 지금 여기 '나'를 돌아보라고 충고한다. 유한계급을 향한 끊임없는 도전과 노력, 자본주의 사회의 소비와 욕망 사이에서 '나'는 또 다른 길을 찾을 수 있을까?

자유 의지로 살아간다는 착각

『카라마조프 씨네 형제들』

Братья Карамазовы (1880)

표도르 도스토옙스키
(Fyodor Dostoevsky, 1821-1881)

세계 문학사에서 손꼽히는 대문호 표도르 도스토옙스키는 사형 선고와 시베리아 유배라는 극한의 고통을 겪고 이를 위대한 문학으로 승화한 작가이다. 이 소설은 탐욕스러운 아버지가 살해당하고 성격이 전혀 다른 세 아들이 용의자로 몰리며 벌어지는 갈등과 재판 과정을 그렸다. 미스터리한 살인 사건 속에 신의 존재, 인간의 자유 의지, 도덕과 죄악이라는 철학적 질문을 빈틈없이 채워 넣었다. 인간 영혼의 어두운 밑바닥부터 구원의 가능성까지 모두 담아낸 작품이다.

『프로파간다』

Propaganda (1828)

에드워드 버네이스
(Edward Bernays, 1891-1995)

현대 홍보(PR)의 아버지라 불리는 에드워드 버네이스는 대중의 심리를 조종하는 원리를 정립한 선구자이다. 현대 사회에 거대한 발자취를 남겼다. 이 책은 보이지 않는 소수의 권력자가 대중의 생각과 행동을 어떻게 교묘하게 움직이고 통제하는지 그 비밀을 밝힌다. 우리가 보는 광고나 뉴스가 어떻게 욕망을 부추기고 여론을 만들어 내는지 폭로한다. 기업의 마케팅부터 선거 전략까지 대중의 마음을 훔치는 위험하고도 매혹적인 권력의 기술을 낱낱이 파헤친다.

◎　문학은 대개 시대적 상황에 순응하며 자기 행복에 몰두한 이야기라기보다 반시대적 고찰이며 저항과 고뇌의 산물이다. 작가는 한 시대를 살다 떠나지만, 인간과 세계에 관한 깊은 성찰은 영원히 남는다. 러시아 소설가 표도르 도스토옙스키는 당대 사회의 모순과 인간의 삶에 대한 근본적인 질문에 천착했다는 점에서 높은 평가를 받는다. 그는 탁월한 심리 묘사로 인간의 내면을 톺아보았으며 선과 악의 충돌, 선택의 갈등 앞에서 망설이는 인간의 이중성을 기막히게 포착했다.

도스토옙스키는 1849년, 스물여덟에 사형선고를 받았다가 사면돼 수용소에서 4년간 강제 노동을 했다. 1878년, 쉰일곱에 세 살짜리 아들 알렉세이가 간질 발작으로 갑자기 세상을 떠났다. 이런 경험들이 작품에 얼마나 영향을 미쳤는지 짐작하기 어렵지 않다. 누구도 자유로울 수 없는 삶의 부조리에 대한 답을 찾으려는 우리에게 소설의 인물들은 저마다의 목소리로 변명하며 자신을 합리화한다. 그의 소설 『죄와 벌』의 로쟈와 라주미힌, 『카라마조프 씨네 형제들』의 스메르쟈코프와 알료샤는 21세기를 사는 독자들에게 많은 이야기를 건넨다.

19세기 러시아 문학은 투르게네프, 톨스토이, 도스토옙스키를 정점으로 황금기를 맞는다. 낭만주의 시대에서 당대 현실이 반영된 사실주의로 이행은 본격적인 현대소설의 탄생을 예고했다. 예술적 재능이 풍부한 작가들은 신과 인간, 즉 선악의 문제뿐만 아니라 사회, 역사적 상황이 한 인간에게 미치는 영향에 대해 고민하기 시작했다. 『부활』에서 톨스토이는 "본질적인 목적만 정당하다면 한 번 정도의 악행은 허용될 수 있다는 그런 식의 이론입니다. 단 한 번의 악과 수백 가지의 선행이라는 거지요!"라고 말한다. 선과 악을 분명하게 구분할 수 없는 현실에서 네흘류도프는 고뇌한다.

도스토옙스키가 보여주는 현실과 다르지 않다. 주어진 현실을 수동적으로 받아들이는 것이 아니라 스스로 선택하는 인간, 그 결과에 책임지며 자기 운명을 개척하는 인간의 출현이라는 점에서 표도르 카라마조프 씨네 아들인 드미트리, 이반, 알료샤는 개성적인 현대인에 가깝다. 아버지와 삼형제 그리고 사생아 스메르쟈코프가 드러내는 욕망과 갈등은 자기 앞의 생에 최선을 다하는 우리의 모습과 차이가 없어 보인다.

카라마조프 씨의 큰아들 드미트리는 군인이자 선악의 경계를 넘나드는 정열적 인물이며, 둘째 이반은 서구 니힐리즘°에 경도된 무신론자 지성인이다. 배다른 형제인 막내 알료샤는

○   근대 회의주의 사상에서 출발한 사상으로 신, 구원, 진리 같은 절대적 가치와 권위가 존재하지 않는다는 철학적, 사회적 흐름이다.

신앙심 깊은 수도자로 등장하며 『집 안의 요리사 스메르쟈코프는 카라마조프 씨의 사생아로 밝혀진다. 아버지 표도르는 고리대금업으로 상당한 재산을 모았으나 못된 남편이며 무정한 아버지로 파렴치한 인물이다.

죽은 어머니의 유산에 대한 권리를 주장하는 드미트리는 약혼녀 카테리나를 떠나 그루센카를 두고 아버지와 신경전을 벌이기도 한다. 아버지와 재산 문제뿐 아니라 여자를 사이에 두고 갈등하는 모습은 '콩가루 집안'의 전형이다. 아버지가 죽자 이야기는 살인 사건을 축으로 전개되나 갈등은 각 인물의 욕망이 충돌하면서 발생한다. 그 충돌은 전통사회에서 학습한 가족 내 역할이 아니라 자기 삶의 목적과 가치에 관한 욕망의 표출에서 빚어진다. 가부장제에서 벗어나기 시작한 현대인은 각자의 선택으로 자기 길을 걷는다.

"서로 연극을 하고 있는 것입니다. 모두 위선자들이에요! 모두 아버지의 죽음을 원하고 있었어요. 파충류 한 마리가 다른 파충류를 잡아먹는다 이겁니다. 만일 부친 살해가 없었다면, 모두들 화가 잔뜩 나서 툴툴거리며 흩어졌을 거예요…. 구경거리겠지! '빵과 구경거리!'라고 말하지 않던가요? 물론 나도 좋은 사람은 아니죠. 어디 물을 가지고 계신 분 없습니까? 제발 물 좀 마시게 해주세요!"

— 『카라마조프 씨네 형제들』 중에서

둘째 이반은 법정에서 자기의 살인 교사를 인정하며 자살한 스메르쟈코프가 범인이라는 사실을 밝힌다. 그러면서 모두 위선자라고 외친다.

무한한 자유 앞에 무수히 흔들릴 자유

자유에 따른 고독과 불안이 현대인의 숙명이라면 자기 욕망의 확인과 선택 또한 피할 수 없다. 카라마조프 씨네 형제들을 보면서 독자들은 각자의 아버지와 어머니를 떠올리고 형제들과의 관계를 돌아보게 된다. 가족의 역할과 의미를 살펴보는 소설은 아니지만 누군가는 엄격하고 불편한 아버지를, 누군가는 잔소리가 심한 어머니를, 또 누군가는 남보다 못한 형제자매를 떠올릴 수도 있다. 모든 가정이 행복하고 평화롭지는 않기 때문이다. 개성 강한 이들 삼형제는 물과 기름처럼 아버지와 화해하지 못한다. 그 이유는 서로에 대한 오해와 착각일 수도 있고 타인의 관점과 태도를 인정하지 않기 때문일 수도 있다. 그러나 이들의 한 가지 공통점은 자기 확신과 무관심이다. 묘하게도 서로 닮은 구석이 있는 아버지와 형제들은 아무것도 공유하지 않은 채 각자의 상황 논리를 앞세우고 자기 생각에 몰두하며 상황을 악화시킨다.

『카라마조프 씨네 형제들』은 복잡한 구조와 갈등이 뒤섞여 당대 사회는 물론 인간의 욕망을 섬세하게 투영한다. 어떻게 살고 무엇을 할 것인지 선택은 오직 '자유'다. 다만 그 무한한 자유와 선택지 앞에서 끊임없이 흔들리는 '나'의 모습이 어른거릴 뿐이다. 러시아의 카라마조프 씨네 형제들의 현실적 고민과 가족 간의 갈등은 대한민국의 평범한 가정에서도 여전히 계속되고 있는 듯하다. 인간의 삶은 생각보다 복잡하고 기대보다 불행하다. 문학의 개별적인 이야기에는 보편적 진리와 삶의 지혜가 담겨 있다. 그것은 작가의 가르침이 아니라 개별 독자의 깨달음이다. 어느 문장에 밑줄 긋고 어느 대목에서 호흡을 가다듬는지는 읽는 이의 고유한 즐거움이다. 그리고 책에서 빠져나오면 남는 문제는 선택과 편향이다. 결정적 순간마다 행동의 선택 기준은 무엇이며 그 결과를 맞이하는 태도는 어떠한지, 도스토옙스키는 자신을 이해하고 있는지 독자에게 묻는다.

> 우리는 사실 우리 자신에게 필연적으로 낯선 존재로 있고 우리 자신을 이해하지 못하며 우리 자신을 혼동하지 않을 수 없다. '모든 사람은 자기 자신에게 가장 먼 존재이다'라는 명제는 우리에게 영원한 의미를 지닌다. 우리 자신에게 우리는 '인식하는 자'가 아닌 것이다…

—『도덕의 계보학』중에서

"우리는 우리 자신을 혼동하지 않을 수 없다."라는 『도덕의 계보학』속 니체의 문장은 타인에 대한 오해를 경고하는 말이 아니라 우리 자신을 의심하라는 충고다. 자기 확신만큼 위험한 태도는 없다. 나는 누구보다도 나를 잘 알고, 내 욕망에 따라 자유롭게 행동하고 있을까? 가족, 친구, 연인, 지인들이 나보다 나를 더 잘 알고 있을 때 어떤 내가 진짜 나인가? 자유 의지로 살아간다는 생각이 오산이라는 걸 깨닫는 순간 '현타'가 온다.

길들어진 취향과 욕망

내 생각과 감정과 의지에 따라 산다는 건 착각일까? PR의 아버지라 불리는 에드워드 버네이스는 인간은 무의식에 숨은 욕망에 따를 뿐이며 이는 얼마든지 조작 가능하다는 사실을 증명했다. 인간의 선택과 행동은 타고난 개성과 자유 의지가 아니라 충동, 습관, 감정에 의해 결정되는 경우가 많다. 신중하고 합리적인 선택이 아니라 군중 심리와 '프로파간다'에 휩쓸린다. 자유롭고 주체적인 인간이라는 사실에 자부심을 느끼며 사는 사람들에게 그건 네 생각일 뿐이라고 경고했던 에드워드 버네이스의 『프로파간다』는 여전히 우리의 일상을 지배하는 것같다. 자본주의와 민주주의를 호흡하는 현대인에게 보내는 저자의 목소리는 단호하게 들린다.

심리학자 지그문트 프로이트의 조카로 1891년에 태어나 1995년까지 무려 100년을 넘게 산 에드워드 버네이스는 세계 최초로 선전, 광고, 홍보 전문 회사를 차렸다. 그는 'PR 고문'으로 정치, 경제, 교육, 언론, 문화예술계 등 거의 모든 분야에서 활

약했다. 열렬한 팬이었던 괴벨스부터 캘빈 쿨리지, 하이젠하워 등 미국 대통령까지 여러 분야에 영향을 준 버네이스는 1928년에 출간된 『프로파간다』를 통해 20세기를 움직인 중요한 인물이 되었다. 정치 분야뿐만 아니라 대중의 심리를 움직여 유행을 만들고 자본주의 마케팅 모델을 제시했다. "대중의 관행과 의견을 의식과 지성을 발휘해 조작하는 것은 민주주의 사회에서 중요한 요소이다. 이 보이지 않는 사회의 메커니즘을 조작하는 사람들이야말로 국가의 권력을 진정으로 지배하는 '보이지 않는 정부'를 이룬다."라는 그의 말은 여전히 귀 기울여 들을 만하다.

'프로파간다'는 로마 교황청이 신대륙에 신앙을 전파하기 위해 1622년에 세운 포교성布敎省, Congregatio de Propaganda Fide의 약칭에서 유래했다. '진실'을 알려 신의 은총으로 인도하는 '순수한 작업'이라는 뜻이다. 그런 의미에서 PR이 장기간 지속적으로 효과를 발휘하려면 사실과 부합해야 한다. 일시적인 충동, 가짜 뉴스, 근거 없는 소문 등에 기댄 선전과 선동은 오래가지 못한다. 그런데 광고는 일부 최신 정보를 담고 있다지만 과장과 왜곡을 피할 수 없다. 현대인에게 미디어 리터러시는 문해력만큼 중요하고 필수적인 능력이 되었다. 홍수처럼 쏟아지는 상품 광고는 물론 정치인의 홍보물과 공약을 비판적 시선으로 걸러내지 않으면 눈뜨고 낚이게 된다.

미국의 언어학자이자 철학자인 노엄 촘스키는 "전체주의는 폭력을 휘두르고 민주주의는 선전을 휘두른다."라는 말로 프로파간다의 중요성을 강조했다. 대중이 정당과 정치인을 선택하는 기준은 때로 이해하기 어려운 모순을 드러낸다. 노동자와 농민들이 부자와 재벌의 세금을 깎아주고 직접세를 늘리는 정부와 기득권을 지키려는 정당과 정치인에게 투표하는 현상이 벌어지기 때문이다. 히틀러는 대중이란 자고로 작은 거짓말에는 속지 않지만 큰 거짓말에는 속는다고 말했고, 선전 국장 괴벨스는 거짓말일수록 과감하고 당당하게 말하고 반복해서 듣게 하라고 강조했다. 프로파간다의 힘을 이용한 에드워드 버네이스는 세상을 움직이는 배후 조정자가 아니었을지…. 100여 년 전에 이를 간파한 그의 말이 오늘도 아프게 들린다.

> 선전은 절대 사라지지 않는다. 현명한 사람일수록 선전은 생산적인 목표를 달성하고 무질서를 바로잡는 데 필요한 현대적 도구라는 점을 직시한다.
>
> —『프로파간다』 중에서

하물며 물건을 파는 자본주의 시장은 두말할 필요도 없다. 더 높은 이윤을 창출하기 위한 자본가, 즉 기업의 노력은 처절하다. 제로섬 게임°을 위한 교묘한 심리전, 광고와 홍보에 알고도 당하는 경우가 많다. 대중의 심리와 기호 자체를 바꿔 관

° Zerosum Game. 내가 얻는 만큼 상대가 잃고, 상대가 얻는 만큼 내가 잃는 승자 독식의 게임인 만큼 한정된 시장의 치열한 경쟁 상황을 비유적으로 나타낸 말이다.

런 제품의 판매를 증가시킨 에드워드 버네이스 이야기를 들어 보면 무엇이 진실이고 무엇이 거짓인지 모호해진다. 피아노를 팔기 위해 가정음악실의 개념을 만들고, 아침 식사로 베이컨이 좋다는 의사들의 의견을 퍼뜨리는 등의 전략은 대중을 제대로 겨냥했다. 1920년대 아메리카 토바코 컴퍼니의 담배 럭키 스트라이크 판매가 급증한 이유 또한 담배가 다이어트, 구강 살균, 신경 안정에 도움이 된다고 선전하며 젊고 예쁜 모델들이 럭키 스트라이크를 물고 뉴욕 5번가를 누비게 했기 때문이다. 담배가 여성 해방의 아이콘으로 참정권과 자유를 상징한다는 이미지까지 대중에게 각인시켰다. 이처럼 '프로파간다'가 대중의 의지와 무관하게 취향과 욕망을 길들여 왔다는 사실이 놀랍다.

자발적 선택이라는 믿음

표도르 카라마조프의 사생아 스메르쟈코프는 둘째 이반에게 '감화'된다. 사회악으로 지목한 아버지를 살해하기 위해 스메르쟈코프는 치밀한 계획을 세운다. 평소 고분고분하고 어리숙해 보이지만 이반의 니힐리즘 사상이 스펀지처럼 스메르쟈코프를 물들였다. 이반의 의도적 세뇌, 일종의 가스라이팅이자 프로파간다의 결과다. 결과적으로 스메르쟈코프는 아버지를 살해하고 자살을 선택한다. 심리적으로 지배 당하는 개인은 무력한 꼭두각시가 된다. 현실에서도 가족, 친구, 연인 사이에 자주 벌어지는 비극적인 상황이다.

조지 오웰은 "모든 예술은 프로파간다다. 디킨스 본인도, 빅토리아 시대 대다수 소설가도 이를 부정하려고 하지 않을 것이다."라고 말했다.[10] 도스토옙스키의 소설은 물론이고 『위대한 유산』과 『고리오 영감』 등을 모두 일종의 프로파간다로 간주한 것이다. 프로파간다는 심리학과 정신분석에 기초해서 민주주의와 자본주의 시대를 사는 대중을 쥐락펴락한다. 정치, 경제뿐만 아니라 교육, 문화, 예술 분야도 다르지 않다. 앞서 베블런이 설명한 '유한계급'의 구별 짓기는 피에르 부르디외의 '아비투스'에다가 자본주의적 욕망을 자극하는 '프로파간다'가 더해진 결과가 아닐까? 그러니 우리가 믿는 자유 의지와 선택은 결국 양육과 교육 등 사회화 과정을 거치며 만들어진 성향과 욕망에 쉼 없이 조작되는 정치와 자본의 힘에서 나온다.

자발적이고 주체적인 선택과 의지는 사회적 동물인 인간에게 불가능한 꿈에 가깝다. 우리는 수많은 사람과의 관계와 사회적 상황에 따라 판단하고 행동한다. 정치, 경제적 맥락에 따라 생각이 바뀌고 평소와 전혀 다른 선택을 하기도 한다. 카라마조프 씨를 비롯한 등장인물들의 선택과 판단도 다를 바 없다. 자기와 맺은 관계와 이익에 따라 움직이고, 그 생각의 기저에는 숱한 프로파간다가 작동한다. 타인의 기대와 욕망에서 벗어나 적절하게 거리를 조절해야 수많은 프로파간다를 비판적으로 바라볼 수 있다. 그럴 때 비로소 우리는 조금 더 자유로운 인간으로 자기 삶의 주인이 될 수 있지 않을까?

5장

정치는 생각보다
내 삶과 가깝다

정치 아닌 것이 없는 일상

○

『1984』

Nineteen Eighty-Four (1949)

조지 오웰
(George Orwell, 1903-1950)

날카로운 통찰로 전체주의를 비판한 조지 오웰은 권력의 타락을 감시한 영국의 지식인이다. 경찰관으로 일하며 권력의 폭력을 경험하고, 스페인 내전에서 파시즘에 맞서 싸웠다. 이 소설은 그의 유작으로 모든 사람의 일상을 화면으로 감시하고 통제하는 독재 국가에 맞서 인간다운 삶을 지키려는 주인공의 처절한 투쟁을 그렸다. 생각과 언어까지 철저하게 조종당하는 세상을 통해 진실이 힘을 잃었을 때 우리 삶이 얼마나 끔찍해지는지 경고한다. 수많은 SF 소설과 영화에 '감시 사회'라는 영감을 준 디스토피아 문학의 걸작이다.

○

『자유론』

On Liberty (1859)

존 스튜어트 밀
(John Stuart Mill, 1806-1873)

19세기 영국의 철학자 존 스튜어트 밀은 개인의 자유와 권리를 열렬히 옹호한 자유주의 사상의 거인이다. 이 책은 그의 아내인 해리엇 테일러 밀과 함께 구상하고 집필한 것으로도 유명하다. 남에게 피해를 주지 않는 한, 개인은 자신의 생각과 행동을 스스로 결정할 수 있는 절대적인 자유를 가져야 한다고 주장한다. 다수의 의견이라는 이름으로 소수의 생각을 억누르는 '다수의 폭력'을 경고하며 다양한 의견이 자유롭게 부딪쳐야 사회가 건강하게 발전함을 증명한다. 민주주의의 단단한 주춧돌이 된 고전이다.

◉　도대체 어느 나라 국민이 10년 사이에 비상계엄과 두 번의 대통령 탄핵을 경험할 수 있을까? 역사의 한복판을 지나온 한국인들에게 '정치란 무엇인가'라는 질문은 곧바로 생활과 직결된다. 우리는 정치를 외면하는 순간 개인의 삶이 무너질 수밖에 없다는 사실을 온몸으로 겪으며 살아왔다. 대한민국은 일제 강점기와 6.25 전쟁을 거쳐 군사 쿠데타, 계엄을 극복하며 민주주의를 지켜왔다. 이 과정에 수많은 이들의 피와 땀, 한숨과 눈물이 녹아 있다. 이렇게 지켜온 민주주의, 자유와 평등의 가치는 반드시 지켜야만 하는 내 삶의 필수 조건이 아닐까?

'자유를 위해서 / 비상하여 본 일이 있는 / 사람이면 알지 /

노고지리가 / 무엇을 보고 / 노래하는가를 /

어째서 자유에는 / 피의 냄새가 섞여 있는가를 / 혁명은 /

왜 고독한 것인가를'[11]

1960년 4.19혁명 직후 시인 김수영은 자유에는 피 냄새가 섞여 있다는 사실을 자각한다. 1950년 6.25 전쟁부터 1961년 5.16 군사 쿠데타, 1980년 5.18 민주화운동, 1987년 6월 민주항

쟁 등 피로 범벅된 대한민국 근현대사가 이를 증명한다. 지금의 대한민국에서 이데올로기 논쟁은 무의미할지도 모른다. 하지만 보수와 진보 진영의 극단주의자들은 우리 사회를 위험에 빠뜨릴 가능성이 매우 높다. 한 나라의 대통령이 상대 진영을 '반국가 세력'으로 규정하며 계엄령을 선포한 일이 그 대표적 사례다.

김수영과 비슷한 시대를 살았던 조지 오웰은 서로 다른 공간에서 인간의 삶에서 정치가 얼마나 중요한지 절감했다. 1903년 영국의 식민지 인도에서 태어난 조지 오웰은 1950년 이른 나이에 사망할 때까지 버마(현재 미얀마)에서 경찰로 근무했고, 스페인 내전에 참전했으며 영국에서 교사와 언론인으로 활동했다. 그는 이렇게 20세기 초반 지구 곳곳에서 역사적인 현장 경험을 통해 다양한 사람들을 관찰하며 인간과 세계를 고민했던 작가다.

오웰은 『나는 왜 쓰는가』에서 "어떤 책이든 정치적 편향으로부터 진정 자유로울 수는 없다. 예술은 정치와 무관해야 한다는 의견 자체가 정치적 태도인 것이다."라고 말했다. 『파리와 런던의 밑바닥 인생』, 『버마 시절』, 『카탈로니아 찬가』 등은 물론 『동물농장』과 『1984』 역시 "우리 시대에는 '정치와 거리를 두는 일' 같은 건 있을 수 없다. 모든 문제가 정치 문제이며 정치란 본래 거짓과 얼버무리기, 어리석음, 반목, 정신분열증의 집합체인 것이다."라는 그의 주장에 부합한다.

1917년 10월 전제군주가 무너지고 혁명에 성공한 소비에트 연방공화국에도 정치적 자유와 평등은 보장되지 않았다. 소런 체제와 스탈린주의를 날카롭게 풍자한 소설『동물농장』과 사망 직전에 마지막으로 출간한 소설『1984』는 조지 오웰의 대표작으로 그가 중요하게 내세웠던 글쓰기의 동기, 즉 '역사적 목적'과 '정치적 목적'에 부합하는 작품이다. 특히 창작 연도인 1948년을 뒤집어 제목으로 삼은『1984』는 7장에서 소개할 올더스 헉슬리의『멋진 신세계』처럼 인류 사회의 미래에 대한 경고에 가깝다. 현실 정치에 대한 풍자에 더해 미래의 전망과 우려를 담은 이야기는 고전 소설 속 이야기가 아니라 여전히 우리가 조심하고 경계해야 할 문제로 가득하다.

복종의 대가로 얻은 행복은 자유를 대신할 수 있을까

전쟁을 겪고 밑바닥 인생을 경험한 조지 오웰은 평범한 사람들이 겪는 가난과 비참한 일상이 모두 정치 행위와 그 결과물이라는 사실을 깨달았다. 제1, 2차 세계대전과 파시즘, 러시아 혁명과 전체주의는 냉전 시대의 한복판에 선 작가에게 피할 수 없는 숙명이었을 것이다. 조지 오웰은 한 국가의 시스템이 인간의 사고는 물론 삶의 목적과 방향까지 바꿔놓는다는 점에 주목했다. 인간다운 삶이 가능한 정치, 개인의 행복을 결정짓는 체제는 오늘을 사는 우리에게도 매우 중요한 관심사다. 국가의 정책과 권한이 미치지 않는 영역이 없다. 사람들의 일상에 직접 영향을 주는 중요한 역할 중 하나가 정치다.

미래 사회로 설정된 『1984』의 배경에는 디스토피아로 그려져 언제 어디서나 감시자의 역할을 하는 '빅브라더'가 등장한다. 이를 통해 조지 오웰은 전체주의 사회의 감시와 사상 통제를 경고했다. 그러나 민주주의 사회에서도 이 같은 정보 수집과 활용은 일상이 되었다. 현대 사회는 구글 타임라인, 핸드폰 위치 정보, 신용카드 결제 내역 등 몇 가지 정보만 확인하면 분초 단위로 개인의 흔적을 확인할 수 있는 거대한 '판옵티콘'°이라고 해도 지나치지 않다. 유튜브, 인터넷 검색은 맞춤형 광고를 위한 알고리즘으로 작동하며 수익모델을 창출한다.

그의 생각은 이중사고의 미궁 속으로 빠져들었다. 알면서도 모르는 척하는 것, 진실을 훤히 알면서도 교묘하게 꾸민 거짓말을 하는 것, 철회된 두 가지 견해를 동시에 지지하고 서로 모순되는 줄 알면서 그 두 가지를 동시에 믿는 것, 논리를 사용하여 논리에 맞서는 것, 도덕을 주장하면서 도덕(에 맞서는 것)을 거부하는 것, 민주주의가 아닌 줄 뻔히 알면서 당이 민주주의의 수호자라고 믿는 것, 잊어버려야 할 것은 무엇이든 잊어버리고 필요한 순간에만 기억에 떠올렸다가 다시 곧바로 잊어버리는 것, 그리고

° Panopticon. 영국의 제러미 벤담이 제안한 일종의 감옥 건축양식을 말한다. 판옵티콘의 어원은 그리스어로 '모두'를 뜻하는 'pan'과 '본다'를 뜻하는 'opticon'을 합성한 것으로 소수의 감시자가 자신을 드러내지 않고 모든 수용자를 감시할 수 있는 형태의 감옥을 제안하면서 창안했다. 벤담은 "진행되는 모든 것을 한눈에 파악할 수 있는 능력"을 이 감옥의 본질적이고 말했다.

이 소설에서 주목해야 하는 일상화된 국가의 감시와 타인의 시선은 '이중사고double think'를 가능케 한다. 조지 오웰은 소설에서 이 신조어를 "이중사고는 한 사람의 마음속에 두 개의 서로 모순된 신념을 동시에 지니며 두 개 모두를 받아들이는 것을 의미한다."라고 설명한다. 기만적 망각, 논리의 파괴, 자발적 세뇌가 가능한 인간, 즉 지배자의 논리를 내면화하고 모순을 받아들이도록 강요하는 전체주의 사회에 대한 경고로 읽힌다. 소설의 배경인 오세아니아를 지배하는 당이 내세우는 "전쟁은 평화, 자유는 예속, 무지는 힘"이라는 슬로건이 대표적인 사례다. 우리의 본능과 생각조차 길들이는 통제 사회, 그 끔찍한 미래가 현실이 될까 두렵다. 그 주체가 국가나 정치 이념 혹은 자본주의 체제일 수도 있다는 측면에서 그렇다.

프롤prole, 사상죄thought-crime, 2분 증오two minutes hate, 독생ownlife 등 조지 오웰은 오세아니아의 공용어인 신어newspeak를 만들어 활용한다. '언어의 한계가 세계의 한계'라는 언어분석 철학자 비트겐슈타인의 말처럼 인간의 사상을 통제하기 위한 효과적인 수단이 언어라는 사실은 우리 모두 잘 알고 있다. 무질서에 질서와 규칙을 부여하고 개념과 이론을 만드는 것도 언어다. 인간은 언어로 사고하며 언어의 지배를 받는다. 정치적 '프로파간다'는 물론 국가의 통치 수단 또한 언어다. 소설에서는 생각 없이 복종하는 사람으로 만들기 위해 당은 책을 읽지 못하게 한다. "다른 지역과 마찬가지로 프롤들이 사는 구역에서도 책은 모두 압수되어 철저히 파괴되었다."

언어의 중요성만큼 조지 오웰은 전체주의 사회를 힘주어 경고한다. 제1차 세계대전 이후 '나치즘, 파시즘, 스탈린주의'가 세상을 지배했다. 당대를 지배하던 기득권 세력의 지배 이데올로기는 이제 그 형태와 이름만 바뀌었을 뿐 민주주의 사회에서도 계속된다. 그래서 "희망이 있다면 틀림없이 프롤에게 있다. 오세아니아 인구의 85퍼센트를 차지하는 저 경멸당하는 수많은 대중만이 당을 파괴할 힘을 낼 수 있기 때문이다. 당은 내부로부터 전복될 수 없다."라는 외침을 새겨들을 수밖에 없다.

조지 오웰은 "인간은 자유와 행복 중에서 어느 하나를 선택해야 하는데, 대부분 인간은 행복을 더 좋아한다."라는 말로 자유의 중요성을 비틀었다. 전체주의 사회에서 복종하는 개인이 누리는 안전과 행복은 민주사회의 시민이 누리는 자유와 평등이라는 가치보다 앞설 수 없다는 이야기다. 우리 앞에 놓인 사회 현실과 민주적 가치는 톱니바퀴처럼 맞물려 돌아간다. 개인의 자유와 행복이 자연스럽게 스며드는 일상과 미래는 각자의 참여와 노력으로 만들어진다.

지금도 여전히 『1984』가 새삼스러운 이유는 광장에 쏟아져나온 시민들 때문이다. 박근혜의 국정 농단을 탄핵하기 위해 촛불을 들었던 광화문 광장, 계엄령을 선포한 윤석열의 탄핵을 촉구하던 국회의사당 광장은 역사의 현장이 되었다. 이념을 떠나 '대한민국의 주권은 국민에게 있고, 모든 권력은 국민으로부터 나온다'라는 민주주의 기본 질서를 다 같이 실천했던 현장이야말로 체제에 저항하는 소설의 주인공 윈스턴 스미스가 꿈꾸던 세상이 아니었을까?

당신과 다른 의견을 가질 자유

'인간은 자유롭고 평등한 존재'라는 놀라운 생각은 누가 시작했을까? 시간을 조금만 거슬러 올라가면 '지금-여기'에 '나'의 생각을 만든 사람들, 내가 살아가는 사회, 제도를 만들고 다듬어 온 선배들의 피와 땀 앞에서 경건해지곤 한다. 지금 우리가 너무 당연하게 여기는 민주주의는 불과 얼마 전까지 기존 제도와 관습에 저항하며 치열하게 도전한 사람들의 노력으로 만들어졌다. 민주주의 사회에서 서로 다른 자유에 관해 정교한 기준과 명확한 한계를 고민했던 존 스튜어트 밀은 여전히 우리에게 많은 이야기를 건넨다. '아무리 강조해도 지나치지 않다'라는 상투적인 표현이 떠오르는 책이 바로 『자유론』이다.

1806년에 태어난 존 스튜어트 밀은 학교에 다닌 적이 없다. 당대의 지식인이었던 아버지 제임스 밀은 철저한 가정교육으로 아들을 직접 가르쳤다. 그리스 고전과 라틴어 교육 등 존 스튜어트 밀은 대학 입학을 위한 준비에도 소홀하지 않았다. 그러나 기독교 신앙을 거부한 아버지의 영향으로 입학 조건을 거부하며 대학에 가는 대신 열일곱의 나이에 동인도 회사에 입사한다. 존 스튜어트 밀은 회사가 해체되는 1858년까지 35년간 평범하고 성실한 직장인으로 살았다. 안정적인 직장 생활을 하면서도 독학으로 공부하며 꾸준히 글을 썼다. 퇴직 이듬해 출간한 『자유론』은 정교하고 합리적인 논리로 밀의 생각을 풀어낸 탁월한 저작이다. 어린 시절부터 총명했던 존 스튜어트 밀은 개인과 사회의 관계를 탐구했고 인류 문명의 진보를 믿었다. 또한 실용적인 공리주의자로 권위주의적 관습을 비판하며 민주주의 공동체 안에서 개인의 자유를 깊이 고민했다.

공교롭게도 『자유론』이 출간된 1859년에 찰스 다윈도 『종의 기원』을 발표했다. 인류는 종교에서 벗어나 점차 인간과 자연에 관해 새로운 사유를 시작한 것이다. 여기에 더해 존 스튜어트 밀은 '나'를 중심으로 한 개인의 중요성과 위대함에 관한 성찰을 시도한다. 푸른 하늘을 힘차게 날아오르는 새처럼 한없이 자유로운 인간의 삶은 가능할까? 물론 밀이 주장한 자유는 '구속, 속박'의 반대 개념이 아니라 합법적인 사회적 자유를 의미한다. 명령과 복종이 아닌 토론과 표현의 자유를 통해 개인은 오류를 수정하며 주체적으로 생각하고 판단한다. 획일적인 생각에서 벗어나 다양한 개성을 발휘할 수 있는 자유가 존 스튜어트 밀이 주장하는 '자유'다. 여기에 타인의 자유와 권리를 이해하고 존중해야 한다는 전제 조건은 변함없는 원칙이다.

한 사람을 제외한 모든 인류가 동일한 의견이고, 그 한 사람만이

반대 의견을 갖는다고 해도, 인류가 그 한 사람을 침묵시키는 것
은 정당화될 수 없다. 이는 마치 그 한 사람이 권력을 가졌을 때
인류를 침묵시키는 것이 정당화될 수 없는 것과 같다.

— 『자유론』 중에서

'나는 당신의 의견에 동의하지 않습니다. 그러나 만일 당
신이 그 의견 때문에 박해를 받는다면 나는 당신의 말할 자유를
위해 끝까지 싸울 것입니다.'라는 톨레랑스의 정신과 일맥상통
하는 존 스튜어트 밀의 생각은 시대를 앞섰다. 볼테르가 『관용
론』에서 주장했던 '다른 의견을 가질 권리'는 종교 탄압과 전쟁
속에서 길어 올린 화해의 손짓이었다. 반복되는 이념 전쟁, 종
교 탄압의 폭력을 극복하기 위한 대안으로 관용의 정신을 주장
한 것이다. 그에 비해 밀은 개인이 누릴 수 있는 자유의 범위와
한계를 명확히 하며 민주주의 사회에서 통용돼야 하는 '기준'을
제시했다. 개인과 사회는 반드시 양보하고 타협해야 한다. 공동
체의 질서가 언제나 우선한다면 다수의 횡포가 될 것이다. 반면
에 개인의 자유가 무한하게 인정될 수도 없다.

존 스튜어트 밀은 "개인의 행위 가운데 사회의 원칙을 따
라야 하는 유일한 부분은 타인과 관련되는 부분뿐입니다. 오직
자기에게만 관련된다면 개인의 독립성은 당연한 권리이자 절
대적입니다. 자기 자신, 즉 자기 육체와 정신에 대해 주권은 개
인에게 있습니다."라고 선언했다. 개인은 누구의 이익과도 무관
하며 자기에게만 해당하는 행동에 대해서는 사회적 책임을 지

지 않아도 되지만 타인에게 손해를 끼치는 해로운 행동에 대해서는 분명한 책임을 져야 한다는 것이다. 존 스튜어트 밀이 살던 시대에는 돼지고기를 먹는 기독교인에 대한 무슬림의 혐오, 결혼한 성직자에 대한 가톨릭 신자의 혐오 등이 논쟁의 대상이었다. 밀은 사생활의 자유를 침해하면 안 된다는 단호한 원칙을 제시하며 이 문제들을 판단해 보라고 요구했다. 문화와 전통과 관습을 내세워 시대적 진실, 사회적 상식을 결정하는 일은 과연 타당한지 말이다.

개인의 개성과 다양성을 지켜내는 자유

민주주의가 태동한 후 본격적으로 공화제가 시행될 무렵의 '자유'는 지금과 별반 다르지 않다. 문명의 발달과 과학기술의 진보를 이끌던 동양보다 유럽이 더 빠르게 발전한 이유가 '총, 균, 쇠' 때문이라는 재레드 다이아몬드의 주장은 일리가 있다. 하지만 그보다 앞서 유럽의 진보는 '다양성' 덕분이라는 존 스튜어트 밀의 생각에도 깊이 공감한다. 개성을 존중하고 창의적 사유를 제한하지 않는 태도가 인간 삶의 핵심이기 때문이다. 자기만의 본성을 확인하며 타인의 자유와 권리를 존중한다면 우리 시대가 요구하는 창조적 상상력과 혁신적 사고력은 자연스럽게 발휘된다. 윈스턴 스미스가 빅브라더와 당의 통제에서 벗어나고 싶었던 이유는 존 스튜어트 밀이 주장했던 '자유'가 없었기 때문이다.

자유의 소중함을 잊는 순간 민주주의는 퇴행을 반복한다. 존 스튜어트 밀은 '민주주의 사회에서 행해지는 다수의 폭정, 여론이나 관습 등 사회적 힘에 의해 위축되는 개인의 자유'가 아니라 '개인의 개성과 창의성을 지켜야 하는 자유'를 추구해야 한다고 조언했다. 이것이 오늘날 대한민국에 적용할 수 있는 살아 있는 자유와 민주주의 원칙이다.

민주주의는 언제나 거대한 '공론장'이 필요하다. 독일의 사회학자 위르겐 하버마스의 말대로 끊임없는 토론과 지난한 합의의 과정이 생략된 민주주의는 가능하지 않다. 자신의 의견에 반대하는 사람들과 충분한 토론을 통해 결론을 끌어내고, 비판적 의견을 수용하며 합의에 이르는 과정은 정치뿐 아니라 일상생활에서도 꼭 필요한 민주 시민의 덕목이다. 작게는 취미생활을 위한 모임부터 학교, 기업, 지자체, 국가에 이르기까지 '관습 독재'를 극복하려는 노력이 개인과 사회를 성장하게 한다.

자전거 페달을 밟다 멈춰도 관성에 의해 바퀴가 앞으로 굴러간다. 자전거는 후진할 수 없다. 그것은 바로 '래칫'°이라는 톱니바퀴 때문이다. 톱니바퀴가 많을수록 '좌르르르~'하는 맑고 고운 소리가 난다. 뒤로 물러설 수 없는 촘촘한 방지 장치가 라이더를 안심하게 한다. 왜 민주주의에는 래칫을 설치할 수

° 한쪽 방향으로 돌아가게 만든 역회전이 불가능한 톱니바퀴의 일종으로 역진방지장치라고도 부른다.

없을까? 인간은 과거를 통해 교훈을 얻지 못하는 존재일까? '인류에게 가장 큰 비극은 지나간 역사에서 아무런 교훈도 얻지 못하는 데 있다'라는 역사가 아놀드 토인비의 말을 기억해야 한다. 우리 앞에 놓인 민주주의를 지켜내는 일, 래칫이 없어 언제든 퇴행할 수 있는 자유를 지켜낼 방법은 오로지 시민들의 감시와 비판뿐이다.

누구나 공평하게 불평등

『레 미제라블』

Les Misérables (1862)

빅토르 위고
(Victor Hugo, 1802-1885)

19세기 프랑스 문학의 거장 빅토르 위고는 소외된 이들을 향한 따뜻한 시선을 멈추지 않았다. '레 미제라블'은 '불쌍한 사람들'이라는 뜻의 프랑스어로 소설은 가난 때문에 빵 한 조각을 훔쳤다가 19년이나 감옥살이를 한 장 발장의 파란만장한 삶을 다룬다. 한 신부의 조건 없는 용서를 통해 진정한 인간으로 거듭나는 과정을 그리며 비참한 사회 현실 속에서도 민주주의를 향해 나아갔던 1832년 '6월 봉기'의 뜨거운 열기를 생생하게 그려낸다. 불합리한 세상 속에서도 지치지 않는 인간의 선한 의지와 숭고한 사랑을 보여준다.

『편견』

The Nature of Prejudice (1954)

고든 올포트
(Gordon Allport, 1897-1967)

고든 올포트는 사람의 성격과 사회 문제를 깊이 있게 연구한 성격심리학의 선구자다. 이 책은 사람들이 왜 자신과 다른 집단을 근거 없이 미워하고 차별하는지 심리적, 사회적인 원인을 과학적으로 파헤쳤다. 편견이 무지와 두려움 속에서 자라나 어떻게 끔찍한 폭력으로 이어지는지 증명한다. 올포트는 편견을 깨기 위해 서로 다른 집단이 평등한 입장에서 공동의 목표를 가지고 자주 만나 소통해야 한다는 구체적인 해법을 제시한다. 인종 차별과 혐오 문제의 뿌리를 낱낱이 밝혀내어 서로를 이해하며 함께 살아가는 지혜를 일깨워 주는 심리학 교과서라고 할 수 있다.

◎　영화, 뮤지컬 등 너무 익숙해서 읽은 것 같은 착각을 일으키는 고전 『레 미제라블』은 전체 5부 2,500쪽이 넘는 방대한 분량이지만 지루하지 않고 맛깔스러운 문장과 독특한 문체로 독자들을 사로잡는다. 당시 단어 수로 원고료를 지급하는 출판사들의 관행은 발자크나 위고의 벽돌 책 탄생에 한몫했을 것이다. 생계형 작가들의 소설 분량에 겁먹지 말고 긴 호흡으로 천천히 도전하면 내용과 결말을 안다고 해도 충분한 재미와 감동으로 보답한다.

1802년에 태어난 빅토르 위고는 군주제 폐지를 위해 일어난 1832년 6월 혁명을 포함해서 19세기 프랑스의 격변을 온전히 겪은 작가다. 1851년 나폴레옹 3세의 쿠데타에 반발해 국외로 추방당했고 19년간 망명 생활을 하다 1870년 보불전쟁으로 나폴레옹 3세가 몰락하자 민중의 열렬한 환호 속에 파리로 돌아왔다. 아이러니하게도 이 시기에 쓴 작품이 바로 『레 미제라블』이다. 작가들은 개인적으로는 고통스러웠겠지만, 수많은 명저와 고전이 대부분 감옥과 유배지 그리고 망명 시기에 탄생했다는 점이 흥미롭다.

이 작품에서 빅토르 위고는 1789년 프랑스혁명 전부터 19

세기 초에 벌어진 사회적 혼란과 당대 민중의 삶을 세밀하게 관찰하고 정확히 묘사하며 프랑스혁명의 역사 전체를 조망한다. 사회소설이자 연애소설이고 전쟁소설이며 역사소설이기도 한 『레 미제라블』은 어느 한 장르로 규정하기 어려울 만큼 풍부하고 다양한 매력을 가진 소설이다. 프랑스의 역사와 시대 상황, 종교의 역할과 종교인의 태도는 물론 '레 미제라블', 즉 '불쌍하고 비참한 사람들'을 생생하게 그려냈다.

평범한 민중의 모습은 빈센트 반 고흐의 그림 〈감자 먹는 사람들〉처럼 강렬한 시각적 이미지와 달리 팡틴과 코제트, 테나르디에, 에포닌 등 등장인물들이 구체적이고 섬세하게 묘사되어 독자들의 상상력을 자극한다. 장발장과 코제트 그리고 자베르의 이야기가 전체의 기둥에 해당하지만 각각의 이야기를 단행본으로 출간해도 좋을 만큼 에피소드와 개별 사건이 차고 넘친다. 철저한 고증과 현장 답사로 써 내려간 워털루 전투, 워털루 전쟁에서 살아남은 퐁 메르시의 아들 마리우스와 테나르디에, 작가가 직접 등장해서 비망록처럼 고백하는 4부 7장의 '결말', 바리케이드를 치고 목숨을 건 젊은이들의 항거 등은 부분과 장면을 떼어내 하나의 이야기로 구성해도 좋을 만큼 완성도가 높다. 이렇게 장대한 소설은 다양한 사건이 복잡하게 얽혀 있으며 개성적인 인물들이 엮이고 충돌하며 거대한 서사 구조를 완성한다.

진보를 '내일'이라 불러보라

빅토르 위고는 이 소설을 1845년부터 1862년까지 17년 간 집필했다. 1815년 6월 워털루 전투, 1830년 7월 왕정복고, 1832년 6월 혁명은 물론 수도원 생활, 파리의 부랑자들, 시가지의 모습과 하수도 등 당대의 역사와 풍속을 모두 담아냈다. 비교하기 어려울 만큼 독특한 매력을 가진 이 소설을 빅토르 위고는 겸손하게 시작한다. "지상에 무지와 빈곤이 존재하는 한, 이 책 같은 종류의 책들도 무익하지는 않으리라." 인류 역사상 '지상에 무지와 빈곤'이 사라진 적이 없으니 이 소설은 영원하리라는 자신감이었을까?

작가는 코제트의 연인 마리우스의 죽음으로 시민 혁명에 숭고함을 더했다. '진보는 국민의 영원한 생명'이라는 목소리를 전달하기 위해 마리우스를 어쩔 수 없이 희생양으로 삼았는지 모른다. 이 소설은 단순하게 선악의 이분법적 대립 구성으로 읽을 수 없을 만큼 등장인물의 심리와 행동이 복합적이다. 특히 자베르와 테나르디에는 주인공에 맞서는 역할에 충실하며 이야기에 긴장감을 더한다. 빅토르 위고는 낭만주의와 계몽주의 대신 사랑과 우정, 혁명과 진보, 용서와 화해 그리고 속죄 의식에 집중했다. 도도한 역사의 진보는 결국 민중의 삶 그 자체이며 이들의 이야기가 곧 소설의 본질이라는 듯.

혁명이란 무엇인가를 이해하고 싶다면 그것을 '진보'라고 불러

보라. 그리고 만약 진보란 무엇인가를 이해하고 싶다면 그것을 '내일'이라고 불러 보라. '내일'은 억제할 수 없게 자신의 일을 하는데, 그 일을 바로 오늘부터 한다. 그것은 이상하게도 언제나 제 목적에 도달한다.

—『레 미제라블』 중에서

전쟁과 혁명은 충격과 공포가 아니라 미래를 향한 변화와 발전을 촉발하기도 한다. 빅토르 위고는 "진보는 인간의 방식이다. 인류의 일반적인 생활을 '진보'라 부른다. 인류의 집단적인 걸음걸이를 '진보'라고 부른다. 진보는 전진한다."라며 한 발씩 앞으로 나아가는 우리의 내일을 향해 혁명과 변화가 필요하다고 역설한다. 시작도 끝도 알 수 없으나 '사랑도 명예도 이름도 남김없이, 한평생 나가자던 뜨거운 맹세'를 해본 사람들의 이야기는 오늘도 계속된다.

우리 삶에 정답이 있다면 아무도 소설을 읽지 않을 것이다. 삶은 우연과 필연이 겹치며 아이러니와 역설이 때때로 충돌한다. 그때는 맞고 지금은 틀린 일, 지금은 추억에 불과하지만, 그때는 목숨을 걸었던 순간 사이에서 우리는 매번 길을 잃는다. "인생을 자세히 보라. 인생은 도처에 형벌을 느끼도록 그렇게 만들어져 있다."라는 작가의 충고는 단순히 빵 하나를 훔쳐 19년간 감옥살이를 한 장발장처럼 억울하고 비참한 사람들을 위한 변명이 아니다. 대개 허망함은 뜨거운 열정과 최선의 노력을 통해 무언가를 거머쥘 때 다가온다. 권태가 불안보다 위험하다는 삶의 부조리를 이해할 때쯤 우리는 끊임없이 현실을 전복하며 혁명을 반복하던 시대의 이야기에 몰입할 수 있을 것이다.

혁명과 진보를 넘어 우리에게 가장 보편적인 공감을 불러일으키는 이야기는 언제나 사랑이다. 촛대를 훔친 장발장을 품은 미리엘 주교의 사랑이 가련한 팡틴의 딸 코제트에 대한 장발장의 책임으로 전이되고 범 인류적 사랑으로 확장된다. 빅토르 위고는 종교적 가르침을 넘어선 휴머니즘이야말로 가난하고 불쌍한 사람들이 세상을 견디는 유일한 방식임을 강조한다. 마치 '자기 앞의 생'에 가장 중요한 게 인간에 대한 사랑 말고 또 뭐가 있겠냐고 반문하던 에밀 아자르처럼.

소설에서 자베르가 집요하게 추적하던 장발장에게 오히려 목숨을 빚지는 순간 선과 악의 경계가 모호해진다. 죄와 벌, 선인과 악인을 판별하려면 한 사람의 말과 행동 그리고 성장과 변화 과정 전체를 살펴야 한다. 평생 장발장을 뒤쫓던 자베르가 목숨을 빚지고 자살하는 마지막 장면은 독자들의 마음을 혼란스럽게 만든다.

사랑하는 것 또는 사랑한 것, 그것으로 충분하다. 그런 다음엔 아무것도 원하지 마라. 인생의 어두운 주름살 속에서 찾아낼 진주는 그밖에 없다. 사랑하는 것은 하나의 완성이다.

—『레 미제라블』 중에서

이 세상에 '절대 악'이란 없으며 모든 인간 속에 신이 존재한다는 믿음, 역사는 진보를 거듭하며 혁명을 통해 한발씩 앞으로 나아갈 수 있다는 희망, 생로병사와 희로애락을 겪는 불쌍한 사람들의 기쁨과 슬픔이 곳곳에 배치된 장편 소설 『레 미제라블』은 길고 긴 여운을 남긴다. 인류 역사에서 '레 미제라블'이 사라진 시대는 없었다. 성직자와 귀족 그리고 제3신분인 평민으로 나뉘었던 먼 옛날이야기가 아니라 눈에 보이지 않는 신분질서와 계층구조가 더 뚜렷해진 오늘의 현실이 더 끔찍해 보이는 건 기분 탓일까?

우리는 차별받으면서 차별한다

정치는 결국 인권과 상식의 문제다. 사람이 자본으로부터 소외되지 않는 자본주의, 자유와 평등이 상식이 되는 민주주의는 우리가 결코 포기할 수 없는 현실의 과제다. 미국의 독립과 프랑스혁명에 지대한 영향을 미친 실천적 사상가 토마스 페인은 "시민권은 인간이 사회 구성원이라는 데 따르는 권리다. 모든 시민권은 개인에게 이미 존재하는 자연권을 기반으로 한 것이지만, 모든 개인이 그것을 실제로 누릴 처지에 있지는 않다. 시민권에는 안전과 보호에 대한 모든 권리가 포함돼 있다."라고 강조했다. 남녀노소, 빈부귀천을 가리지 않고 모든 사람이 인간으로 태어났다는 사실 자체가 존중받을 이유라는 생각이 '인권'의 출발이다.

자본, 권력, 학벌, 직업 등으로 인해 기득권이 공고해지고 사회 계층 이동의 사다리를 걷어찰수록 운동장은 기울어지며 기회와 결과의 평등은 '자유'라는 이름으로 차별의 빌미를 제공한다. 평등은 오직 인권이라는 토대 위에서만 시작될 수 있고 불평등은 차별을 초래하고 편견을 확산한다. 불평등한 사회 구조와 인권의 사각지대가 '레 미제라블'을 양산한다. 우리는 누구나 언제든 비참하고 불쌍한 사람이 될 수 있음을 자각해야 한다.

성별, 인종, 민족, 국가, 문화는 물론이고 직업, 재산, 학력, 고향 등에 관한 편견의 뿌리는 깊고 단단하다. 타고난 본능에 사회화 과정의 학습이 더해진 습성은 한 인간의 생각과 태도를 지배한다. 그러나 문제는 관습적 편견이 바로잡히지 않는 현실이다. 개인의 한정된 경험, 종교적 신념, 사이비 과학, 학습된 오해 등 이유가 무엇이든 우리는 수많은 '편견'을 쉽게 버리지 못하고 차별적 시선으로 타인과 세상을 바라보기 쉽다.

고든 올포트의 『편견』은 인간의 심리 문제에 불과한 편견의 뿌리를 밀도 있게 해부하고 그 대안을 제시했다. 그는 우선 편견을 구성하는 두 가지 기본 요소로 '잘못된 일반화'와 '적개심'을 꼽는다. 성급한 일반화의 오류가 편견의 시작이다. 지구에는 80억 인구가 산다. "내 주변 사람들이 다 그래~" 주변에 몇 명이나 있을까, 그 사람들이 진심을 말했을까? 고정관념, 편견을 합리화하는 태도는 너무 쉽고 깊게 우리를 물들인다. 이렇게 편견을 가질 때 부정적 행동은 '적대적인 말 → 회피 → 차별 → 물리적 공격 → 절멸'의 순서로 점점 강해진다.

이렇듯 자기방어와 생존을 넘어 집단적 무의식에 내재한 고정관념과 편견은 동조, 좌절, 증오, 불안, 죄책감, 투사 등 다양한 형태로 우리 곁에 머물러 공동체를 무너뜨린다. 타인을 향한 적대적 시선은 독버섯처럼 사회 전체에 어두운 그림자를 드리울 수 있기 때문이다. 수많은 종교 전쟁은 물론 제2차 세계대전에 이르기까지 인류가 걸어온 참혹한 역사는 편견과 차별의 폐해를 분명하게 증명하지 않았는가? 자유와 평화, 인권과 평등을 위해 인류가 흘린 피와 눈물을 잊었는가! 편견과의 싸움은 현재진행형이다.

편견에 관한 가장 간략한 정의가 있다. "충분한 근거 없이 다른 사람을 나쁘게 생각하는 것." 이 군더더기 없는 구절은 모든 '편견'의 정의가 예외 없이 포함하는 두 가지 기본 요소를 드러낸다. 바로 '근거 없는 판단'과 '감정적 어조'이다.

—『편견』중에서

우리는 차별받으면서도 차별하는 존재다. 한쪽에는 법과 양심이 있고 다른 한쪽에는 관습과 편견이 있다. 둘 사이에 명백한 갈등이 존재하는 경우 차별은 주로 간접적 방식으로 암암리에 일어난다. '을'들의 싸움, '병'과 '정'의 전쟁이 그렇다. 충분한 근거 없이 감정이 먼저 반응하는 편견을 극복하는 방법으로 고든 올포트는 '관용'을 제시한다. 관용은 '공감'할 수 있는 능력이 있어야 가능하다. 관용이 본능이 아니라 능력이라고 말하는 건 학습과 노력이 필요하다는 의미다. 말하자면 편견에 맞선 관용은 '다른 사람을 파악하는 능력', '사회적 지능', '사회적 감수성'이라고 할 수도 있고, 독일어 단어를 빌리자면 '인간 이해menschenkenntnis'라고 할 수 있다.

"관용적인 사람은 호전적이든 평화주의적이든 간에 정치적 관점에서 진보주의자일 가능성이 매우 크다. 편견을 지닌 사람은 보수주의자인 경우가 더 흔하다. 항상 0.50 정도로 상관관계가 안정적으로 나타난다."라는 고든 올포트의 주장이 현실적으로도 일리가 있다. 정치가 생활이라는 점을 고려하면 인류는 고정관념과 편견이 강한 보수적 관점과 싸워왔다고 할 수 있다. 민주주의 사회에도 지배적인 문화적 관행이라는 이름의 '차별'이 존재하며 차별과 달리 특정한 성격 구조와 태도를 '편견'이라 한다. 이러한 차별과 편견이 없는 성숙한 사람들은 원인과 결과를 합리적으로 생각하며 기꺼이 타인의 자유와 평등과 인권을 존중한다.

타인을 향한 다정한 차별보다 예의 바른 무관심

다름을 인정하는 태도는 타인을 위해서가 아니라 나의 편견과 고정관념을 깨는 기본적인 태도다. 카메라 렌즈에 끼우는 필터에 따라 피사체가 달리 보인다. 자신의 눈에 본인은 알지 못하는 필터가 씌여 있는지 점검해 보자. 장발장, 팡틴, 코제트와 같은 사람들은 물론이고 자베르, 마리우스 이야기를 읽고 공정하고 평등한 세상을 꿈꾸지 않는다면 고전古典을 읽으며 고전苦戰하지 않아도 좋다. 소설 속의 주인공이 불쌍하고 비참한 원인이 무엇일지 생각하는 것으로 시작해도 좋다.

고든 올포트는 "인간의 성격이 그 발달 과정에서 다른 사람들의 안전과 합리적인 권리를 침해하지 않는 한, 민주주의는 어떤 인위적인 힘이나 장애물의 방해를 받지 않고 진전할 수 있도록 허용한다."라고 마무리한다. 타인에게 폐 끼치지 않는 한 어떤 방해도 없이 조금씩 성장하며 앞으로 나아가는 허용적 태도가 민주주의라는 의미가 아닐까?

"여태 결혼 안 하고 혼자 살아?", "애는 몇이세요?", "사시는 데가 어디죠?", "어느 대학 졸업하셨어요?", "아버지는 뭐 하시니?", "당신 몇 살이야?", "고향이 어디세요?" 생각 없이 무심코 던지는 이런 질문은 타인을 향한 관심이 아니라 편견을 위한 준비운동이 될 수 있다. 차라리 예의 바른 무관심°이 인간에 대한 기본적인 예의이며 상대방의 인권을 지켜주는 좋은 방법이다.

° 미국의 사회학자 어빙 고프먼은 타인에 대한 적당한 무관심, 즉 '예의 바른 무관심'이 현대인에게 요구되는 기본적인 예의라고 충고했다. 불편한 호기심과 쓸데없는 참견을 상대방에 대한 관심으로 착각하지 말라는 의미다.

숨 쉬듯 정치하라

『파리대왕』

Lord of the Flies (1954년)

윌리엄 골딩
(William Golding, 1911-1993)

노벨문학상을 받은 영국의 소설가. 인간의 본성에 숨겨진 잔혹함과 악을 날카롭게 해부했다. 비행기 추락 사고로 어른 없는 무인도에 갇힌 소년들이 점차 이성을 잃고 야만적인 사냥꾼으로 변해가는 과정을 생생하게 그렸다. 소라껍데기를 흔들며 규칙을 지키려는 아이들과 얼굴에 색칠하고 짐승처럼 날뛰는 아이들 사이의 피할 수 없는 전쟁을 통해 우리의 마음에 숨은 폭력성을 섬뜩하게 끄집어낸다. 문명이라는 가면이 벗겨졌을 때 드러나는 끔찍한 본능을 고발하며 충격을 안겨준다.

『소명으로서의 정치』

Politik als Beruf (1919년)

막스 베버
(Max Weber, 1864-1920)

20세기를 대표하는 독일의 사회학자 막스 베버는 현대 자본주의와 사회의 본질을 꿰뚫어 본 위대한 지식인이다. 이 책은 정치란 무엇이며 정치를 직업으로 삼으려는 사람이 갖추어야 할 자격과 책임이 무엇인지 묻는 강연록이다. 정치인은 열정과 통찰력을 갖추는 동시에 자신의 결정이 가져올 결과에 대해 철저하게 책임지는 '책임 윤리'를 지녀야 함을 강조한다. 권력을 쥐려는 자들이 명심해야 할 엄격한 잣대를 제시한 정치학의 나침반 같은 저작이다.

◎　어린이와 동물은 사람들의 마음을 무장 해제시켜 경계를 풀고 저절로 미소 짓게 한다. 이들이 등장하는 이야기는 날카로운 비판도 재미있는 풍자로 읽게 만든다. 우회적으로 문제를 인식하게 만들어 깨달음을 주기에 좋은 방법이다. 이를 활용한 이야기를 우화라고 하며 『이솝우화』, 조지 오웰의 『동물농장』, 구전 소설 『토끼전』 등이 대표적이다.

문학적 알레고리는 대개 풍자와 교훈이 주된 목적이지만 표면적인 이야기 자체가 재미와 감동을 준다. 이를 증명하듯 1983년 노벨문학상을 받은 영국의 소설가 윌리엄 골딩은 『파리대왕』에서 선과 악을 주제로 인간 본성을 톺아 본다. 그는 교사로 근무하다 제2차 세계 대전에 참전하여 노르망디 상륙작전에서 참혹한 전장을 목격한다. 이와 같은 상황을 고려하면 이 소설은 작가의 추체험을 통해 극단적 상황에서 발현되는 인간의 본능에 관한 적나라한 보고서라고 할 수 있다. 그 대상이 아이들이라고 해서 특별히 달라지지 않는다.

둘 이상이 모이면 물리적 힘이든 지적 능력이든 우열이 가려지고 주도적인 인물, 즉 리더가 생기기 마련이다. 동호회부터 작은 마을은 물론 한 사회와 국가에 이르기까지 리더는 공동체의 운명을 좌우할 수도 있다. 정치는 평범한 사람 모두가 참여하는 시민의 권리이자 의무다. "그들 스스로 통치하기를 거부할 때 그들이 받는 가장 큰 벌은 자기들보다 못한 자들에 의해서 통치를 받는 것일세."[12]라는 플라톤의 말은 민주주의 국가에도 통용된다. 선거를 통해 선출된 정치인에 대한 감시와 처벌은 한 순간도 소홀히 해서는 안 되는 이유가 여기에 있다. 언론이 제대로 감시하지 않거나 입법, 행정, 사법 기관이 견제와 균형을 잃는 순간 민주주의는 기능을 멈춘다. 우리는 정치를 외면하면 어떤 일이 생기는지 자주 겪는다. 정치에 관한 무관심은 내란과 비상계엄을 다시 초래할 수도 있다. 정치는 정치인들에게만 맡겨 놓을 수 없을 만큼 너무 중요하다. 그들의 정책 방향과 입안된 법률이 우리 일상과 직결되기 때문이다.

인간 본성의 결함과 사회 결함의 근원

안전한 장소로 소년들을 후송하던 비행기가 태평양 외딴 섬에 추락한다. 소년들은 낯선 무인도에서 살아남기 위해 협력한다. 우선 해군 중령의 아들인 12세 소년 랠프가 대장이 되어 구조 신호로 봉화를 피우자는 의견을 냈다. 전체 아이들에게 회합을 알리기 위해 소라를 불었고 다른 아이들도 발언권을 얻어 의견을 이야기했다. 성가대원 리더인 잭 메리듀는 사냥 부대가 시급하다며 멧돼지 사냥에 힘쓴다. 둘로 나뉜 세력은 사사건건 충돌하고 성가대원 사이먼과 돼지라 불리던 피기가 희생당하는 사건이 벌어지면서 이들의 갈등은 최고조에 달한다. 잭은 오두막에 불을 지르고 랠프의 목숨까지 노리며 추격전을 벌인다. 그러다 섬에서 피어오른 연기를 보고 찾아온 해군 장교에 의해 모두 구조된다.

어린 소년들의 무인도 생존기 혹은 전쟁놀이쯤으로 치부할 만한 이야기가 사람들에게 깊은 인상을 준 이유는 전쟁의 충격과 상처 때문이었다. 윌리엄 골딩은 첫 장편 소설로 인간의 내면에 자리 잡은 야만적 본성과 악의 근원을 파헤쳤다. "인간이 악을 행할 수 있는 능력을 지니고 있으며 인간의 도덕 체계가 근본적으로 천박하다는 사실의 새로운 발견이다."라는 미국의 영문학자 E. L. 엡스타인의 평가가 이 소설을 한마디로 압축한다. 학교에서 말 잘 듣던 착한 학생들, 조용하고 성실한 성가대원들이 심각한 폭력성을 드러내다니, 그 이유가 무엇일까?

잭으로 대표되는 무리는 리더의 영향으로 인해 집단적 폭력에 노출된 후 더욱 잔혹해진다. 문명과 지혜 그리고 민주주의를 상징하는 랠프와 소라, 피기와 안경은 잭의 무리를 감당하지 못한다. 구조 신호를 보내고 오두막을 지어 질서를 바로잡으려는 노력, 즉 문명을 재건하려는 랠프와 소년들은 결국 잭을 따르는 소년들의 폭력과 야만성에 굴복하고 만다. 이 짧은 소설은 오랜 시간 구축한 문명도 일순간에 무너질 수 있다는 경고를 담고 있다. 욕망으로 가득 찬 기성세대가 아니라 어린 소년들이 그 혼란과 폭력으로 가득한 현장의 주인공이라는 점에서 더 충격적이

다. 윌리엄 골딩은 이 소설을 통해 문명과 야만의 대립과 갈등뿐
아니라 당대 제국주의 횡포와 저항까지 다루고 싶었던 것 같다.

소년들을 등장시킨 상징적 우화에서 윌리엄 골딩은 인간
의 악마적 본성에 대한 성찰을 촉구하기보다 무인도에 불시착
한 비행기처럼 느닷없이 전쟁 상황에 놓인 문명의 위기를 강조
한다. 생존을 위협받는 망망대해 무인도가 전쟁 후 인류가 마주
한 황폐한 현실 상황과 다를 바 없어 보였다. 냉전 시대로 접어
든 인류의 반목과 갈등은 21세기에도 그 여진이 남아 있다. 윌
리엄 골딩은 앞서 이야기한 『1984』의 윈스턴 스미스가 느낀 심
리적 갈등, 『레 미제라블』의 장발장이 겪는 고통과 다른 측면으
로 생존이 걸린 극한 상황에서 인간의 대응과 문제 해결 방식을
고민하게 만든다.

소설은 현실의 우화이긴 하나 또 하나의 창조된 세계를
통해 과거와 현재를 돌아보며 미래를 상상할 수 있는 창의 역할
을 한다. 윌리엄 골딩은 이 소설을 통해 '인간 본성의 결함에서
사회 결함의 근원을 찾아내려는 것이 이 작품의 주제'라고 말
했다. 완전한 인간, 완벽한 사회는 불가능한 꿈일지라도 결함을
개선하고 함께 문제를 해결하려는 노력은 멈출 수 없다. 그렇지
않으면 언제든 야만과 폭력의 시대로 돌아갈 수 있기 때문이다.

공기처럼 들이마시는 자유와 평등, 맑은 물처럼 시원한 인
권과 정의는 저절로 주어지는 선물이 아니다. 리더에게 위임할
수는 없는 우리가 가진 권리와 의무부터 점검하는 일이 바로 오
늘을 사는 민주 시민의 기본적 태도다.

탁월한 정치가가 국민을 행복하게 해줄 거라는 착각

1950년대 유럽이 아니라 지금 대한민국의 정치인과 선거 제도는 막스 베버가 말한 『소명으로서의 정치』를 다시 펼쳐보게 만든다. 내각제든 대통령제든, 대의 민주주의는 분명한 한계를 갖는다. 자리가 사람을 만들고 상황이 감정과 생각을 바꾸기 때문에 정교한 시스템뿐만 아니라 적합한 정치인도 필요하다. 정치인에게 '소명'이란 무엇인가? 교과서 같은 답을 구하기 위해 막스 베버가 고민하지는 않았으리라. 왜 정치를 하려 하는지, 정치인의 덕목은 무엇인지, 선거를 통해 실현하고자 하는 공동체의 미래, 즉 우리의 꿈과 희망은 어떠한지 대한민국에서도 현실적인 질문을 멈출 수는 없다.

1919년 뮌헨 대학의 강연 내용을 정리한 『소명으로서의 정치』에서 막스 베버는 국가가 합법적으로 폭력을 독점하는 유일한 조직이라는 사실을 강조했다. 그의 저작은 서구 정치 과학 연구의 근간이 되었다는 평가를 받는다. 베버는 경제, 사회 등 관료제를 카리스마적 권위, 전통적 권위, 법적 권위로 범주화했으며 근대 국가 조직은 이 관료제의 합리적인 권위에 바탕을 두고 있다는 점을 강조했다. 거대한 국가 조직에 부여된 권위는 서로 다른 생각을 가진 사람들이 모인 사회에 질서를 부여한다.

정치인은 합법적 폭력인 법률을 만들고 집행하는 역할을 맡는다. 선거는 이 무거운 의무와 책임에 적합한 사람을 선발하는 과정이다. 이념과 감정에 치우치거나 학연, 혈연, 지연으로 투표한 대가는 고스란히 유권자 자신에게 돌아온다. 정치인이 갖춰야 할 최소한의 덕목은 무엇인가? 유권자는 도대체 어떤 사람에게 투표해야 할까?

> 정치가에게는 다른 무엇보다도 다음 세 가지 자질이 결정적으로 중요하다. [대의에 대한 헌신을 뜻하는] 열정, [선의를 내세워 변명하지 않고 결과를 얻기 위해 최선을 다한다는 의미의] 책임감, 그리고 [사태를 바라는 대로가 아니라 있는 그대로 이해하는 능력을 뜻하는] 균형적 현실 감각이 그것이다.
>
> — 『소명으로서의 정치』 중에서

막스 베버는 놀랍게도 '열정, 책임감, 현실 감각' 이 세 가지 요소를 정치가의 덕목으로 꼽았다. 100년이 훌쩍 넘는 시간이 흘렀음에도 오늘날 정치인에게 강조하고픈 필수 요소라고 해도 과언이 아니다. 먼저 '열정'은 '대의'에 헌신해야 한다는 전제 조건을 충족해야 한다. 사익을 추구하거나 정치적 이익을 따지는 정치인은 자격이 없다. 무엇보다도 '책임'을 다하지 않는 정치인부터 걸러야 한다. 국가를 운영하며 국민의 안전을 지키고 생명을 보호해야 할 책임, 공익을 위해 헌신해야 할 책임, 정치적 이익과 개인적 이기심보다 국민과 국가를 우선해야 할 책임이 있다. 마지막 '현실 감각'은 흔히 말하는 정무 감각이라고 볼 수 있다. 정치인은 '정치와 국가 행정에 대한 사무'의 관점에서 상황에 맞는 판단력을 갖춰야 한다.

지자체 선거부터 대통령 선거까지 정치인들은 앞다퉈 국민에게 머리를 조아린다. 대한민국의 주권은 국민에게 있으며 그들은 국민을 대신하는 임시직 기간제 정치인일 뿐이기 때문이다. 그런데 왜 그들은 국민의 뜻에 반하는 말과 행동을 할까? 그들의 권한이 오로지 국민으로부터 위임받은 것일 뿐이라는 사실을 선거 다음 날부터 잊는 것 같다. 투표는 적극적이고 능동적인 정치 행위다. 그 행위는 선거에만 국한된 것이 아니라 지속적이고 꾸준한 비판과 감시의 책임을 수반한다. 탁월한 정치 지도자가 국가를 이끌어 국민을 행복하게 만들어 줄 거라는 생각은 착각이다.

내일로 미룰 수 없는 오늘의 과제

막스 베버는 패전국인 독일의 미래를 고민하는 청년들의 강연 요청에 "정치란 열정과 균형적 판단, 둘 다를 가지고 단단한 널빤지를 강하게 그리고 서서히 구멍 뚫는 작업이다. 만약 이 세상에서 불가능한 것을 이루고자 몇 번이고 되풀이하며 노력하는 사람들이 없었다면 아마 가능한 것마저도 성취하지 못했으리라는 말은 전적으로 옳다. 모든 역사적 경험에 의해 증명된 사실이기도 하다."라고 목소리를 높였다. 역시 역사는 반복되니 고전은 다시 읽히는 것이 아닌가!

자신이 제공하려는 것에 비해 세상이 너무나 어리석고 비열해
보일지라도 이에 좌절하지 않을 자신이 있는 사람 그리고 그 어
떤 상황에 대해서도 '그럼에도 불구하고!'라고 말할 확신을 가진
사람, 이런 사람만이 정치에 대한 '소명'을 가지고 있다. 권력 추
구가 '대의'에 대한 전적인 헌신을 목표로 하는 것이 아니라 객
관성을 결여한 채 순전히 개인적 자기도취를 목표로 하는 순간
그때부터 정치가의 신성한 정신에 대한 배반이 시작된다.

―『소명으로서의 정치』 중에서

조금도 낡지 않은 문장이다. 정치에 대한 소명을 가진, 주권
자를 배반하지 않는 정치인은 우리가 만들어야 한다. 유구한 역
사와 전통을 자랑하는 민주국가에서도 쉽지 않다. 정치는 경제,
사회, 과학, 교육, 문화 등 거의 모든 분야와 밀접한 관계를 맺고
우리 삶에 깊숙이 개입한다. 당파적 이익이나 지지 정당과 정치
인을 떠나 '민주주의' 깃발 아래 모여 사는 사람은 누구나 정치
적 동물이다. 하루도 빠짐없이 '나'를 둘러싼 개인과 사회의 모든
정치 행위를 점검하지 않으면 안정과 평화는 안개처럼 사라진다.
따라서 숨 쉬듯 멈추지 말고 정치하라. 그것이 나의 오늘 그리고
우리의 미래를 위해 내일로 미룰 수 없는 과제가 아닐까?

6장

일하는 존재로
살아간다는 것

일하지 않을 수 없는 일의 수고로움

『소송』

Der Prozess (1925)

프란츠 카프카
(Franz Kafka, 1883-1924)

체코에서 태어나 독일어를 쓴 유대인 소설가. 프란츠 카프카는 현대 사회 속 개인이 느끼는 불안을 가장 독창적으로 그려낸 작가이다. 이 책은 그가 세상을 떠난 뒤 출판된 미완성 유작이다. 어느 날 아침, 평범한 은행원 요제프 K가 자신이 무슨 죄를 지었는지도 모른 채 갑자기 체포되면서 벌어지는 기이한 사건을 담았다. 보이지 않는 거대한 법의 벽 앞에서 발버둥치다 끝내 무너지는 주인공을 통해 개인을 억압하는 세상의 부조리를 고발한다. 이유도 모른 채 무력감에 시달리는 현대인의 운명을 예언한 소름 돋는 걸작이다.

『사치와 자본주의』

Luxus und Kapitalismus (1913)

베르너 좀바르트
(Werner Sombart, 1863-1941)

막스 베버와 함께 독일 사회학을 이끈 베르너 좀바르트는 자본주의가 어떻게 발전했는지 독창적인 시각으로 연구한 경제학자이다. 이 책은 자본주의를 발전시킨 진짜 원동력이 합리성이 아니라 인간의 탐욕과 화려함을 좇는 '사치'에 있다고 주장한다. 부유층의 욕망이 역설적으로 상업과 공업을 발달시켜 자본주의를 꽃피웠다는 것이다. 소비를 중심에 두고 역사를 바라보는 그의 시각은 놀랍고도 새롭다. 인간의 욕망과 소비가 어떻게 지금의 경제 시스템을 만들었는지 새로운 관점을 제시했다.

◉　　세월이 흘러도 자본주의 시스템 안에서 일하는 사람들이 겪는 고통과 갈등은 변하지 않는다. 작업환경이 달라지고 직업이 바뀌어도 노동시간과 생산성 그리고 임금이 맺고 있는 관계는 변하지 않기 때문이다. 일에서 얻는 기쁨과 슬픔이 한 사람의 인생에서 차지하는 비중은 간단하게 설명할 수 없다. 직업에서 얻는 보람과 가치는 돈으로 환산하기 어렵고 생계를 유지하기 위한 수고와 노력 또한 연봉으로만 나타낼 수 없기 때문이다.

19세기 후반에 태어나 20세기 초반까지 40년이라는 짧은 생을 살다 간 카프카는 법학을 전공했고 평생 프라하를 떠나지 않았다. 두 번의 파혼을 경험하고, 독신으로 살았다. 결핵으로 사망하기 2년 전까지 성실한 직장인이었던 그는 보험 담당관 일을 '밥벌이'라고 불렀다. 다만 작가라는 또 하나의 페르소나를 통해 자기 정체성을 잃지 않았다. 이런 현실은 『변신』과 『소송』 첫 장면에 반영되어 있다. 어느 날 아침 벌레로 변신한 그레고르 잠자, 출근하기 전 집으로 들이닥쳐 소송에 휘말린 요제프 K. 카프카의 소설은 이렇듯 일상에서 벗어난 황당하고 충격적인 사건으로 시작된다. 그렇지만 우리는 쉽게 감정이 이입된다. 그건 아마도 예고 없이 찾아오는 불행, 즉 불안한 미래에 대한 경고라는 생각 때문이다.

누군가 요제프 K를 중상모략한 것이 틀림없다. 그가 무슨 특별
한 나쁜 짓을 하지도 않은 것 같은데 어느 날 아침 느닷없이 체
포되었기 때문이다.

―『소송』 중에서

평온한 일상에 파문을 일으키는 크고 작은 일들을 견디며
우리는 한발씩 내일을 향해 걷는다. 그러나 감당할 수 없는 일
들이 일상을 뒤흔들 때 사람들의 반응은 제각각이다. 요제프 K
에게 벌어진 일이 나에게 생기지 말라는 법은 없다. 아니면 이
미 벌어졌던 갑작스러운 나의 불행을 떠올릴 수도 있다. 이런
예기치 않은 사건들은 운명일까, 자기 삶의 결과일까?

삶의 의외성은 준비된 미래다

느닷없이 요제프 K의 집안으로 빌렘과 프란츠°가 들이
닥쳤다. 이유를 알 수 없는 소송이 이어지고 비현실적인 법정,
지루한 절차와 소송전으로 혼란스럽다. 요제프 K는 지난 삶을

° 제1차 세계대전 발발의 주역 독일 황제 빌헬름 2세와 오스트리아 황제 프란츠
1세의 이름을 차용했다고 알려졌다.

송두리째 복기하며 원인을 찾고 대책을 세운다. 도대체 내가 무얼 잘못했느냐는 울분을 느끼며 노력으로 바꿀 수 없는 불행 앞에서 절망한다. 터널 끝에 희미한 빛과 같은 희망과 기대가 없다면 우리가 어찌 오늘을 견딜 수 있겠는가!

K는 자기 상황을 객관적으로 인식하지 못한다. 아니, 인과관계를 파악한다고 해도 올가미처럼 발버둥 칠수록 조여오는 현실은 나아질 기미를 보이지 않는다. 음울하고 어두운 주인공의 심리 상태는 가로등 없는 막다른 골목길에 들어선 것처럼 답답하다. 이 소설이 제1, 2차 세계대전 사이에 발표됐다고 해서 전쟁의 알레고리로 읽을 필요는 없지만, K가 겪는 느닷없는 불행과 암울한 미래는 당대 유럽과 닮음꼴로 보인다.

제1차 세계대전이 벌어졌던 1914년, 프란츠 카프카는 사랑하는 약혼자와 파혼했다. 그리고 1917년 두 번째 약혼을 하고 몇 달 후 다시 파혼을 겪었다. 카프카는 평온한 일상을 기대할 수 없었을 것이다. 시대 상황과 개인적 불행이 겹쳐 탈출구가 보이지 않는 현실이 거대한 법정으로 느껴졌을까? 그래서인지 소설을 시작하며 첫 장 '체포'와 마지막 장 '종말'을 먼저 완성한 후에 중간 부분을 집필했다는 사실이 흥미롭다.

카프카는 『소송』에서 체포된 K가 왜, 무엇 때문에 소송에 휘말렸는지 알려 주지 않는다. 아니, 그 이유를 모른다. 작가는 처음부터 주인공이 소송에 휘말린 원인이나 승소 여부에는 관심을 두지 않으려 한 것 같다. 불가해한 타인과 부조리한 세상을 향한 절규처럼 느껴지는 서늘한 문장들이 읽는 사람을 곤혹

스럽게 한다. K에게 "글은 불변하는 것이고, 해석들은 글에 대한 절망의 표현인 경우가 많습니다."라고 말하는 신부의 말이 이를 대변한다. 이미 벌어진 일, 돌이킬 수 없는 불행은 어찌할 수 없다. "그가 죽은 후에도 치욕은 살아남을 것 같았다."라는 마지막 문장은 후회만큼 어리석은 삶의 태도가 없다는 카프카의 충고로 들린다.

칼에 찔려 죽는 K의 최후를 밝히는 것은 이 소설에서 그리 치명적인 스포일러가 아니다. 결말을 향한, 갈등의 해소나 문제 해결을 위한 서사가 이 소설의 목적이 아니기 때문이다. 미완성이라서 소설이 난해하고 엉성해 보이는 게 아니라 그 자체로 K라는 인물이 마주한 현실, 복잡한 내면, 부조리한 상황에 대한 은유로 읽힌다. 특히 9장 '대성당에서' 신부가 들려주는 「법 앞에서」 이야기는 사회 규범 앞에선 개인의 무기력과 자기기만을 보여준다. 법의 완고함이나 법 앞의 평등과 현실 적용 문제를 논평하기 위한 우화라기보다 K를 옥죄는 '소송'이 삶의 굴레이자 생의 조건에 대한 성찰을 촉구하는 카프카의 목소리다. K는 이 소송을 극복할 수 있을까, 우리는 이렇게 부조리한 현실에서 어떤 힘으로 살아야 하는 걸까?

K는 직장에서 업무를 보는 틈틈이 법정을 찾아 자신을 변호한다. 보험 회사에 다니며 글을 쓴 카프카 자신처럼 끝이 보이지 않는 외부 세계와의 싸움이 계속된다. 이기느냐 지느냐의 게임이 아니라 그 과정과 상황 자체가 견디기 어려울 만큼 암담하고 고통스럽다. 법정의 권위와 관료주의에 대항하는 K는 무력

감을 느낀다. 관공서와 맞서 싸우거나 공권력에 저항하는 개인은 단순히 '억울함'으로 표현하기 힘든, 소외된 상황에 놓일 수 있다. K가 엮인 소송, 카프카가 겪었던 개인적이고 사회적인 상황은 밥벌이의 지겨움과 먹고사니즘에 대한 직업인의 애환과는 거리가 있다. 언젠가 우리 삶에 출현할 수 있는 '느닷없는 사건들'에 관한 이야기다.

미래를 생각할 수 없는 일이 벌어졌을 때 '나'는 어떻게 대응해야 하는가? 내일은 알 수 없고 평안한 오늘이 반복되지 않으며 슬픈 예감은 틀리지 않고 기대와 희망은 늘 '나'를 비껴간다. 요제프 K에게 벌어진 일이 더 이상 남 얘기가 아닐 수 있다. 오늘도 열심히 사는 모두에게 삶의 의외성은 준비된 미래다. 그래도 내일 눈을 뜨면 출근 준비를 해야 한다. 그래서 K가 죽으면서 남긴 외마디 비명이 의미심장하다. "개 같군!"

"경제 문제는 우리가 무한한 욕구와 유한한 수단 사이의 연옥에서 살라고 저주하는 것 같지만 수렵채집인들은 물질적 욕구가 많지 않아서 그 욕구는 몇 시간만 일하면 채워질 수 있다. 그들의 경제적 삶은 희소성에 대한 집착보다는 풍부함의 전제를 중심으로 운영되었다."[13]라는 『일의 역사』에서 제임스 수즈먼의 지적은 현대인의 욕망과 일의 관계를 다시 생각하게 한다. 수렵채집을 하던 시대에도 짧았던 노동 시간이 왜 점점 길어졌을까? 우리는 희소성과 생산에 주목해 온 경제학자들의 이론에 갇혀 사는 게 아닐까? 무엇을 위해 얼마나 일을 해야 하는 문제는 요제프 K처럼 느닷없이 들이닥친 불행 앞에서도 절대 일하지 않을 수 없는 직장인의 비애를 함께 살피게 한다. 인생이 뒤바뀔 법정 다툼조차 퇴근 후, 일과 시간 외에나 챙겨야 하는 상황이 우리의 현실과 닮았다.

이런 현대 사회의 구조적 문제를 다룬 카프카와 달리 베르너 좀바르트는 그러한 현대 사회를 지탱하게 만드는 '밥벌이' 너머를 향한 욕망을 살핀다.

필요에 의한 사치

인간은 자신이 유용한 존재라는 사실을 확인하며 공동체 안에서 인정받으려 한다. 그러나 대개 직업으로 인한 성취감과 삶의 기쁨은 급여와 연봉으로 환산된다. 세습된 자산과 달리 스스로 일군 경제적 부는 자본주의 사회에서 매우 중요한 평가 잣대라고 할 수 있다. 베르너 좀바르트는 이런 자본주의의 어머니가 바로 '사치'라고 진단했다. 근대 자본주의에 대한 역사적 고찰로 '비합법적인 사랑의 합법적인 자식인 사치가 자본주의를 낳은 것'이라고 규정했다. 이 말은 평범한 하루를 살아가는 우리의 욕망을 다시 돌아보게 한다.

사치란 필요한 것을 넘어서는 모든 소비이다. 이것은 분명히 상대적인 정의이기 때문에 '필요한 것'이 무엇인지 알 때에만 명료한 내용을 지닌다. 이것을 확실하게 하는 데에는 두 가지 가능성이 있다. 우선 그것을 주관적으로 어떤 가치판단(윤리적인 것이든, 심미적인 것이든, 또는 그 어떤 종류의 것이든지 간에)에 근거할 수 있다. 아니면 그 필요한 것을 잴 수 있는 어떤 객관적인 척도를 찾으려고 시도할 수 있다.

—『사치와 자본주의』 중에서

필요한 것을 넘어서는 소비가 사치라면, '필요'에 대한 기준은 무엇일까? 그것은 시대와 상황에 따라 다르며 개인차가 크다. 좀바르트는 사치를 양적인 것과 질적인 것으로 나눠 설명했다. 양적인 사치는 사치라기보다 낭비의 개념이고, 질적인 사치는 고가품이나 명품 소비라고 할 수 있다. 그렇다면 물질주의의 포기를 주장한 그리스 철학자 디오게네스, 『무소유』를 쓴 법정 스님, 재벌 3세가 생각하는 사치의 기준이 같을 리 없다. 자본주의 사회에서 '사치'는 개인의 소득 수준과 자산에 따라 그 기준이 제각각 다를 수 있다.

토지 소유가 부의 원천이었던 시대에는 왕과 성직자, 귀족이 토지소유권을 독점했다. 이후 화폐 사용, 강제 무역, 노예 제도 등 상업의 발달로 점차 전통적 신분과 구별되는 새로운 '부자' 계급이 탄생했다. 근대 이후 산업혁명으로 등장한 신흥 부르주아 계급은 제3신분과 차별화되기 시작했다. 그들은 경제력을 바탕으로 귀족과 결혼을 통해 부와 명예를 얻고 권력까지 차지했다. 좀바르트는 이런 현상을 "귀족과 부 사이의 유대는 두 집단의 아들과 딸이 결혼해서 아이를 낳을 때 더 튼튼해졌다.

귀족과 벼락부자 간의 결합은 영국에서는 적어도 17세기 스튜어트 왕조 이래로는 일상적인 현상에 속한다.”라고 진단했다. 이렇게 궁정에서 행해진 사치가 귀족과 부유한 사람들에게 널리 퍼졌으며 세속적 화려함을 추구하게 된 것이다. 부와 권력의 결합, 우리에게 너무 익숙한 현실은 자연스러운 인간의 욕망이며 사치의 출발 지점이었다.

사람마다 ‘필요’와 ‘사치’의 기준이 달라진 게 아니라 일상적 생활에서 추구하는 경향, 삶의 목표와 가치가 바뀐 것이다. 인간의 욕망은 상황에 따라 달라지며 환경의 영향을 받기 마련이다. 앞서 살펴본 『위대한 유산』에서 핍은 ‘신사’가 되기 위해 런던으로 떠났다. 이처럼 좀바르트는 “상인의 자식이라도 부를 획득하기만 하면 한 세대나 두 세대 후에는 신사가 되는 것도 더 이상 불가능한 일이 아니었다.”라는 설명으로 핍의 자연스러운 욕망을 뒷받침한다. 이제는 ‘부’가 신분 그 자체이며 계급적 취향을 만들고, 그에 걸맞은 명품 소비를 더 이상 사치라고 말하지 않는 시대가 되었다. ‘사치품’은 모두 ‘명품’이라는 이름으로 개명했으며 브랜드 계급도를 만들어 명품끼리 서열을 매기는 시대가 되었다.

좀바르트는 자본주의가 소비의 집중, 즉 대도시를 탄생시켰다고 분석했다. 16세기에 거주자가 10만 명 이상인 도시가 13~14개에 불과했으나 18세기에는 인구가 모스크바, 함부르크, 코펜하겐 20만, 나폴리 50만, 런던 100만 명에 근접했고, 프랑스혁명 당시 파리에는 64~67만 명이 거주했다. 산업혁명 이

후 본격적인 자본주의가 인류의 삶을 지배하자 사람들이 대도
시로 몰려들면서 사치가 시작된 것이다. 그들은 가까운 거리에
서 끊임없이 익명의 타인과 자기 삶을 비교하며 새로운 욕망을
창출했다. 좀바르트의 분석대로 대도시 인구집중 현상이 사치
의 원인이 된 것이다. 현대인의 사치는 자본의 축적과 타인과의
관계 속에서 형성된 새로운 본능으로 자리 잡았고 현대 사회를
유지하게 만드는 동력이 되었다.

> 우리의 문화권에서 언제나 되풀이되는 현상은 빨리 부자가 된
> 서민 출신의 사람들은 그 부를 주로 사치를 위해서 쓴다는 것이
> 다. (…) 모든 사치를 만들어 내는 두 가지 원동력인 명예욕과 감
> 각의 즐거움은 여기서 졸부들의 사치를 발전시키는 데 함께 작
> 용하고 있다.
>
> —『사치와 자본주의』중에서

또한 좀바르트는 '사랑의 세속화'가 사치를 조장한다고 주
장했다. 그는 시대를 막론하고 만물의 근원이 사랑이며 가장 달
콤한 사랑이란 '아름다움에의 동경' 이외에 아무것도 아니라고
말했다. 아름답고 우아한 육체와 정신을 동경하는 건 아마 본능
일 것이다. 건축물과 자동차는 물론이고 옷과 신발, 가방과 액
세서리에서 생필품까지 아름다움을 구현하려 하면 할수록 사치
스러워진다. 누구나 아름다움을 추구하는 욕망으로부터 자유로
울 수 없으니 사치는 어쩌면 빈부 격차와 신분 여하를 막론하고

이만하면 괜찮아

"모든 개인적인 사치는 우선 쾌락을 순수하게 감각적으로 즐기는 것에서 기인한다. 눈, 귀, 코, 입 그리고 촉각을 자극하는 것은 특정한 종류의 일용품이 사치 소비를 형성한다."라는 좀바르트의 지적은 21세기에도 변하지 않았다. '조금만 더' 원하는 게 사랑이든 음식이든 연봉이든 "이만하면 됐어!"라고 만족하는 순간은 오지 않는다.

사람마다 욕망의 방향과 크기에는 분명 차이가 있다. 아무리 자본주의를 추동하는 힘이 사치로부터 나온다고 해도 사랑의 감정을 사치의 근원으로 볼 수는 없다. 다만 사랑의 세속화가 사치에 기여했다는 사실을 부정할 수 없다.

자본주의 사회에서 사람들은 '경제적 자유'라는 말을 자주 한다. 흔히 자본 수익만으로도 생계가 유지되어 억지로 일하지 않아도 되는 상태를 뜻하지만, 그 자유의 크기와 한계가 어디까지인지, 자유를 위한 경제력은 어느 정도여야 하는지 고민스럽다. 경제적 자유가 없는 사람은 자본주의의 노예일 뿐일까?

요제프 K는 급박한 상황에서도 은행 업무를 놓지 못한다. 소송에 휘말려 법정을 찾아가고 억울한 죽음을 맞는 순간까지 경제적 자유가 없었기 때문일까? 일에서 얻는 성취와 만족은 경제적 자유와 비교할 수 없다. 자기 인생에서 누려도 좋을 사치의 범위와 한계를 고민하는 사람은 많지 않다. 직업과 일을 통해 얻는 기쁨, 그에 걸맞은 경제력으로 충분히 행복한 삶이 가능한 세상은 우리가 함께 만들어야 할 미래다.

게으름을 위한 몸부림

『자기만의 방』

A Room of One's Own (1929)

버지니아 울프

(Virginia Woolf, 1882-1941)

여성의 삶과 내면을 섬세한 문장으로 그려낸 20세기 영국의 소설가. 버지니아 울프는 여성이 글을 쓰고 능력을 펼치기 위해서는 반드시 '돈'과 방해받지 않는 '자기만의 방'이 필요하다고 선언한다. 역사 속에서 뛰어난 재능을 가진 여성들이 왜 이름을 남기지 못하고 사라져야 했는지 가부장제의 한계를 날카롭게 파고든다. 이 책은 여성에게 주어지지 않았던 경제적 독립의 중요성을 강조하여 현대 페미니즘 비평의 초석을 다지고 여성 문학의 새로운 지평을 열었다는 평가를 받는다.

『게으를 수 있는 권리』

Le droit a la paresse (1883)

폴 라파르그

(Paul Lafargue, 1842~1911)

쿠바에서 태어난 프랑스 노동운동가 폴 라파르그는 카를 마르크스의 사위이자 평생을 노동자의 해방을 위해 싸운 실천적 사상가이다. 이 책은 자본주의 사회가 일하는 것을 신성한 의무처럼 포장하여 노동자를 착취한다고 비판하며 인간에게는 '쉴 권리'가 있다고 주장한다. 기계가 발전해도 여전히 노동에 얽매여 사는 현실을 꼬집으며 하루 4시간만 일하고 나머지는 여가를 즐기자고 제안한다. 일에 매몰된 현대인에게 진정한 행복은 여유에서 나온다는 통찰을 준다.

◎ 　이해하기 어렵고 복잡한 인간은 한마디로 규정할 수 없는 존재다. 숱한 철학자의 주장과 심리학 이론을 들여다봐도 '나'는 잘 보이지 않고 '타인'을 이해하는 일은 더욱 힘들다. 인간은 빵만으로 살 수 없으나 살다 보면 돈의 중요성을 절감하기도 한다. 직업의 가치와 보람을 단순히 시급과 연봉만으로 계산할 수 없다. 하지만 일한 만큼 대가를 받지 못하는 사람은 행복과 거리가 멀어진다. 재미있게 놀고 호기심을 충족하며 친목을 다지고 보람 있는 일을 할 때, 인간은 실질적이고 의미 있는 삶의 즐거움을 느낀다. 이때 뇌는 경제 활동과 관련된 일을 할 때 활성화된다는 뇌과학의 연구 결과가 이를 뒷받침한다.

편안하고 안전한 자기만의 공간에서 무언가 몰입하는 시간에 인간의 창조력은 극대화된다. 버지니아 울프의 『자기만의 방』은 이에 대한 고백이자 몰입과 창조를 위한 공간이다. 모든 사람에게는 어떤 형태로든 자기만의 독립적인 공간이 필요하다. 절대 고독의 시간을 마주하며 '나'를 만나는 시간은 인간다운 삶의 최소 조건이다.

버지니아 울프는 여성 차별과 독립적 삶에 관해 많은 글을 남겼다. 어린 시절 성추행을 겪은 후에 남성, 아기, 결혼과 무관심했으나 한 남성과 결혼했고 자살 직전 남긴 유서에는 그에 대한 고마움과 인간적 유대감을 솔직하게 표현했다. 1882년생인 버지니아 울프가 살던 시대에는 여성 차별이라는 인식조차 부족했다. 여성 대부분은 전통적인 성 역할과 의무에 충실했으며 크게 문제의식이 없었다. 이제는 상식이 된 '평등'이 여성에게는 통용되지 않던 시절, 케임브리지 대학 뉴넘 칼리지의 강연 내용을 바탕으로 한 에세이 『자기만의 방』은 당시 커다란 반향을 일으켰다.

20세기 초, 세계의 혼란과 격변에도 지적 논쟁과 흐름은 멈추지 않았다. 버지니아 울프의 생애에서 중요한 자극이었으리라 짐작되는 '블룸즈버리 그룹'은 젊은 지식인들의 모임이었다. 대영박물관 인근 런던 블룸즈버리에 모인 젊은이들은 특정한 사상이나 가치관을 내세우지 않고 다양한 토론과 논쟁을 이어갔다. 소설가 E. M. 포스터, 경제학자 존 메이너드 케인스 등이 참여했으며 버트런드 러셀, 올더스 헉슬리, T. S. 엘리엇도 이 그룹과 어울렸다고 한다. 당시 규범에 따라 정식 학교에 다닐 수 없었던 버지니아 울프는 이들과 교류할 만큼 충분한 지성을 갖추고 있었다. 아마 이런 경험들이 여성의 사회적 지위와 역할에 대해 깊이 고민하는 계기가 되지 않았을까 싶다. 지적 호기심과 열정이 넘치는 청년이 여성이라는 이유만으로 한 수 아래로 취급받던 시절의 억울함과 불편함이 에세이 곳곳에 드러난다.

주체적인 인간으로 살기 위한 공간

'자기만의 방'이 필요한 이유를 나열하는 건 큰 의미가 없다. 현대 사회는 오히려 고립된 사람들이 24시간 네트워크로 링크된 세계를 유영하며 불안을 극복하려 애쓰기 때문이다. 대한민국도 1인 가구가 주류가 된 지 오래다. 자기만의 원룸과 기숙사, 자기만의 빌라와 아파트, 자기만의 사이버 공간에 갇힌 사람들은 이제 각종 모임과 동호회를 찾는다. 하지만 버지니아 울프가 자기만의 방을 이야기했던 그때 그 시절, 여성들에게는 자기만의 시간과 공간이 허락되지 않았다.

제인 오스틴의 조카는 회고록에서 "숙모가 어떻게 이 모든 성과를 이뤄냈는지 놀라울 뿐이다. 숙모에게는 독립된 서재가 없었고, 작품 대부분을 공용 거실에서 집필하느라 일상의 온갖 방해를 받아야 했기 때문이다. 숙모는 자신이 하는 일을 하인이나 방문객 등 가족 구성원이 아닌 타인이 알지 못하도록 조심했다."라고 회상했다. 제인 오스틴은 경첩이 삐걱거리는 소리를 반겼다. 그 소리를 듣고 누가 들어오기 전에 원고를 숨기거나 압지로 덮어놓을 수 있었으니까. 이런 사례를 들며 버지니아 울프는 "당시에 소설을 쓰던 천 명의 여성 중에서 오직 몇 명만이 이것을 써라 저것을 써라, 끊임없이 훈계를 늘어놓는 남자들의 책망과 경고를 무시했습니다. 그녀들만이 불평불만하고, 군림하려 들고 비통해하고, 깜짝 놀라고, 잘난 체하고, 분개하는 그 집요한 목소리에 귀를 막았습니다."라며 남성 중심 사회에서 여성의 글쓰기가 얼마나 어렵고 숭고한 일이었는지 강조했다. 당대의 여성에게 글쓰기는 저항이며 탈주이자 전복적 일탈이었다. '집안의 천사'로 남지 않고 주체적 여성으로 살아가기 위한 몸부림이자 자각하는 인간으로 타인과 세상을 인식하고 표현하며 '나'를 드러내는 행위가 글쓰기였기 때문이다.

여성의 권리가 보장되는 세상은 주체적 인간의 탄생을 예고한 것과 다름없다. 남성 지배 이데올로기가 전통과 문화와 관습이라는 명목으로 여성을 억압하던 시대 분위기를 거스른다는 건 이만저만한 용기가 아니면 불가능하다. 조직에 순응하지 않고 공동체의 질서와 규범에 맞서 생각한 대로 살려는 노력은 숭고한 삶의 태도다.

순전한 남성 또는 순전한 여성이 되는 것은 치명적입니다. 여성이 어떤 불평을 조금이라도 강조하거나 정당한 것이라 하더라도 어떤 대의를 변호하는 것, 어떤 식이건 여성으로서의 의식을 가지고 말하는 것은 치명적인 일입니다. 여기서 '치명적'이란 비유적인 표현이 아닙니다. 의식적인 편향성을 가지고 쓰인 것은 필연적으로 살아남지 못하기 때문입니다.

—『자기만의 방』 중에서

공용 거실에서 글을 썼던 제인 오스틴과 달리 자기만의 방과 상속받은 연금이 버지니아 울프를 다시 태어나게 했다. 그것은 '편향성'에서 벗어나 여성이 아닌 한 인간으로서 살아갈 권리, 몰입과 창조력을 얻을 수 있는 토대가 되었다. 여성에게 자기만의 방과 연간 500파운드를 주면 조만간 더 나은 책을 쓸 거라고 말하는 버지니아 울프가 강조하고 싶었던 지점은 자유와 해방이다. 여성이 사회적 편견에서 벗어나 자유롭게 하고 싶은 '일'을 하거나 스스로 선택한 '직업'에 종사한다면 높은 성과와 훌륭한 결과를 예상할 수 있다.

자기만의 방을 가진 사람으로 살아가는 건 이제 각자의 선택이다. 그 방은 각자 삶의 목적과 가치에 따라 다르게 꾸며질 것이다. 개인의 자유를 제약하고 억압하는 사회적 조건과 편견은 점차 줄고 있다. 서로 다른 환경과 삶의 조건으로부터 완전히 자유로울 수는 없으나 자기만의 방을 만들고 그 안에서 즐겁게 춤을 추는 건 그리 어렵지 않은 시대를 살고 있다. 개성 넘치는 공간, 자기만의 세계를 구축하려는 노력, 자기 삶을 전복하며 새롭게 태어나려는 상상을 멈추지 않는 한 '나'에게 불가능한 일은 없다. 직업인으로서 일이든, 예술가로서 작품활동이든 몰입의 즐거움과 성취하는 보람을 느낀 사람의 일상은 지루할 틈이 없다. 노력하는 사람은 즐기는 사람을 이기지 못한다는 공자님 말씀은 경험으로 터득하는 인생의 진리에 가깝다.

자기만의 방 다음에 필요한 것

우리나라의 연간 근로 시간이 OECD 평균, EU 평균보다 훨씬 높지만 그래도 점차 줄고 있다. 노동생산성이 향상되고 소득이 증가한 국가의 근로자는 여가 시간을 늘리고 근로 시간을 줄인다. 최근까지 연간 노동시간이 세계 최고 수준이었던 대한민국 역시 장시간 근로를 통해 얻는 경제적 편익보다는 여가에 가치를 두는 추세다.[14] AI를 넘어 휴머노이드 로봇 시대를 맞은 우리에게 개미 같은 부지런함보다 오히려 창의적 상상력을 위해 베짱이 같은 여유가 필요한 게 아닐까?

마르크스의 사위 폴 라파르그는 1883년에 『게으를 수 있는 권리』를 주장했다. 나태함과 게으름이 죄악시되던 시절, 그의 주장은 단연 화제가 되었으며 성실한 노동계급의 일에 대한 사랑에 경종을 울렸다. 어느 분야든 무슨 일이든 맹목적 추종자가 아니라 경계를 넘나들며 이대로 괜찮은지 질문하는 사람들이 있다. 의학을 전공했으나 사회주의 활동가로 여러 번 투옥되었던 라파르그가 여전히 묻고 있다. 이렇게 열심히 일만 해도 괜찮으냐고.

일하기 위해 태어난 사람은 없다. 일과 직업은 생존을 위한 기초적인 수단이며 자아 성취의 중요한 방법이기도 하다. 일에서 얻는 보람과 기쁨은 생의 원동력으로 작용한다. 동료들의 관계, 사회적 성취감은 건강하고 행복한 삶을 위한 필수 조건이다. 그러나 모든 일이 그러하듯 '적당한' 시간과 노력은 사람마다 그 기준이 다르다. 우리는 놀기 위해 일하고 산다. 주말과 휴가가 없는 인생은 상상할 수 없다. 일하기 위해 잠시 휴식이 필요한 게 아니라 자기 일을 즐기며 창의력을 발휘할 수 있는 토대는 게으름과 여유에서 나온다. 따라서 채울 수 없는 욕망을 위해, 더 많이 벌기 위해 노력하는 시간 대신 자기만의 시간이 필요하다. 자신에게 집중하여 새로움을 찾는 삶은 바로 이런 태도에서 시작된다.

뜨거운 혁명의 시대 한복판을 살아낸 사회주의자 폴 라파르그는 무정부주의자 푸르동을 따라 정치에 입문했고 프랑스 제1 인터내셔널 대표로 마르크스와 엥겔스를 만났으며 마르크스의 둘째 딸인 로라와 결혼했다. 그는 노동자들의 여가, 아무것도 하지 않을 자유에 대해 고민했던 사람이다. 우리가 흔히 '레저'라고 하는 여가 시간은 노동시간 단축을 위한 투쟁의 역사로 얻은 값진 결과다. 산업혁명 당시 영국의 평균 노동시간은 하루 10~16시간이었다. 1847년 공장법 개정을 통해 10시간 노동시간이 실현됐으며 1919년 국제노동기구 제1회 총회에서 1일 8시간, 주 48시간 노동제를 국제표준으로 확립했다. 이제 주 5일제 근무는 자연스러운 일상이 되었다. 기술이 발달하고 생산성이 향상되면서 인간의 노동력을 효율적으로 활용하는 고민이 계속되었다. 로봇과 인공지능이 인간 노동을 대체하는 시대를 맞이한 우리는 노동시간을 더더욱 단축할 수 있는, 즉 조금 더 '게으를 수 있는 권리'를 보장받을 수 있는 시대를 맞이했다. 지금보다 덜 일하고 풍요롭게 사는 삶, 자기만의 방에서 여유를 갖는 시간이 늘어날 것이다.

게으를 수 있는 권리는 곧 나를 돌보라는 의무

마약 중독이나 알코올 중독은 심각한 사회문제로 생각하면서 '일중독'의 위험성은 놓치고 만다. 과로사와 번아웃이 뉴스가 되기도 하지만 사람들은 심각하게 생각하지 않는 듯하다. 각자의 위치에서 맡은 일과 직업이 다르니 상대적 비교가 쉽지 않은 탓일까? 자본주의 사회에서는 노동시간이 일상생활과 조화를 이루지 못하는 경우가 많다. 이는 택배 노동자처럼 육체노동으로 인한 과로사만을 의미하는 게 아니다. 각종 연구 결과, 성과 지표로 평가받는 사무직도 마찬가지다. 단순히 더 벌기 위해 더 열심히 일해야 하는 문제가 아니라 자기 삶에서 일의 비중과 의미를 돌아보아야 하는 이유에 대해 폴 라파르그는 기독교가 노동을 신성시하고 부르주아의 실용주의 철학이 이를 정당화한 과정을 설명했다. 막스 베버의 『프로테스탄트의 윤리와 자본주의 정신』에서 잘 보여주었듯 종교가 부의 축적을 부추기고 성실한 노동이 하느님의 소명이라는 생각이 널리 퍼지자 노동을 숭배하며 참혹한 결과를 낳았다는 것이다.

자본주의 문명이 지배하는 국가의 노동자 계급은 기이한 환몽에 사로잡혀 있다. 이러한 망상이 개인과 사회에 온갖 재난을 불러일으켜 지난 2세기 동안 인류는 크나큰 고통을 겪어왔다. 다름 아니라 노동에 대한 사랑, 일에 대한 격렬한 열정이 바로 이러한 환상의 한가운데 자리 잡고 있으며 이러한 열정이 어찌나 격렬한지 한 개인뿐만 아니라 후손의 생명력까지 소진한 지경에 이르렀다.

— 『게으를 수 있는 권리』 중에서

오늘을 사는 우리도 이 문제를 바라보는 태도가 크게 달라지지 않았다. 연봉과 자산으로 자기 능력을 평가받고 성취감을 느끼는 현대인에게 일중독은 자연스러운 현상이 되었으나 이제는 각자의 일과 삶의 균형을 다시 살펴야 한다.

폴 라파르그는 『게으를 수 있는 권리』에서 노동시간은 하루 4시간이면 충분하다고 주장했다. 『조화로운 삶』의 저자 스콧 니어링도 4시간 노동, 4시간 독서와 글쓰기, 4시간 친교를 실천하며 살았다. 더 적게 일하고 인간답게 살고 싶은 욕망과 더 많이 일하고 부유하게 살고 싶은 욕망을 선택하는 시대를 지나 두 가지 욕망을 모두 충족할 수 있는 미래가 머지않았다. 과거와 같은 노동 집약의 시대를 지나온 지 오래다. 이제 우리는 여유 속에서 창발적 사고를 통해 호기심을 충족하며 스스로 '몰입'°을 즐길 수 있는 시대를 살고 있다.

유한계급에게 여가는 강제된 시간이다. 여유 있는 시간과 돈을 어떻게 써야 할지 고민하는 사람들에 관해서는 소스타인

° 헝가리 심리학자 미하이 칙센트미하이가 말한 '몰입'은 주위의 모든 잡념과 방해물을 차단하고 원하는 어느 한 곳에 자신의 모든 정신을 집중한 상태다. 몰입하는 사람은 편안하고 자유롭게 활동하며 완전히 흡수되어 시간의 흐름조차 잊고 몰입의 대상과 일체가 된다.

베블런의 『유한계급론』을 다시 떠올려 보자. 폴 라파르그는 "시장경제는 떠들썩한 선전으로 소비자를 꼬드겨 필요하지도, 원하지도 않는 물건을 사도록 만든다. 그리고 돈을 내고 그런 것들을 사기 위해 자기의 노동력을 팔도록 강요한다."라고 상기시켰다. 유한계급의 소비를 추종하며 타인의 욕망을 욕망하는 현대인은 스스로 자기 노동시간을 늘리며 더 벌기 위해 일중독에서 헤어나지 못하는 경우가 많다. 19세기에 '게으를 수 있는 권리'를 강조했던 폴 라파르그는 21세기 오늘을 사는 우리에게 자기 삶을 돌볼 시간과 여유를 가지라고 충고한다.

자기만의 방이라는 지극히 내밀한 공간은 누구에게나 필요하다. 자기 정체성을 확인하고 오롯이 '나'만을 위해 시간을 보낼 수 있는 장소는 삶의 여유와 숨구멍이다. 넓고 화려한, 전망 좋은 방이 아니어도 좋다. 책으로 둘러싸인 한 평 남짓한 다락방이면 어떤가. 의자 하나 겨우 놓을 수 있는 작은 창고여도 좋다. 인간은 누구나 고독한 자아를 쉬고 재충전하며 새로운 활력을 얻고, 내일을 꿈꾸는 시간과 자기만의 공간에서 자유와 행복을 느낀다. 버지니아 울프가 말했듯 여성들에게 필요했던 자기만의 방과 돈이 이제는 모든 현대인에게도 중요해졌다. 공공 장소와 거리에서, 노출된 온라인 가상 공간에서 벗어나 게으를 수 있는 권리, 즉 자기만의 방에 어울리는 자기만의 시간을 찾아야 한다.

남들이 부러워하는 멋진 휴가를 보내야 한다는 강박이 아니라 일과 무관한 즐거움을 찾아 나설 차례다. 언제든 조용히 자기만의 방에 드나들 수 있는 여유, 타인과 비교하지 않고 나만의 속도로 걷고 쉴 수 있는 게으름은 자기 스스로 만들어 가야 하는 삶의 조건이 되었다. 자기만의 속도로 세상을 산다는 건 조금 느리게 꼼지락거리는 일요일 오후의 따스한 햇살 같은 편안함이다. 조금만 용기를 낸다면 머지않아 가까운 곳에서 자기만의 방과 한없는 게으름을 통해 창조적 삶을 즐길 수 있을 것이다.

삶이 예술이 되는 순간

○

『노인과 바다』

The Old Man and the Sea (1952)

어니스트 헤밍웨이
(Ernest Hemingway, 1899-1961)

헤밍웨이는 제1, 2차 세계대전에 종군 기자로 참전하며 거친 현장을 누빈 행동파 작가이다. 불필요한 수식어를 떼어내고 사실만을 짧고 강하게 전달하는 '하드보일드' 문체의 개척자로도 유명하다. 이 소설은 늙은 어부 산티아고가 84일 만에 거대한 청새치를 낚지만 돌아오는 길에 상어 떼를 만나 사투를 벌이며 결국 뼈대만 남은 물고기와 귀환하는 과정을 담았다. 모든 것을 잃고 상처투성이가 되었음에도 포기하지 않는 숭고한 의지를 통해 인간 존재의 위엄을 그려낸다. 대표작으로 『무기여 잘 있거라』, 『누구를 위하여 종은 울리나』 등이 있다.

○

『기술 복제 시대의 예술작품』

Das Kunstwerk im Zeitalter
seiner technischen
Reproduziebarkeit (1936)

발터 벤야민
(Walter Benjamin, 1892-1940)

발터 벤야민은 문학과 철학, 예술을 넘나들며 독창적인 시각을 제시한 비평가이다. 나치의 탄압을 피해 유럽 전역을 떠돌아야 했던 유대인 망명객이었던 그는 가방 속에 원고를 품고 다니며 불안한 삶 속에서도 사유의 끈을 놓지 않았다. 이 책은 사진이나 영화처럼 예술 작품을 무한대로 찍어낼 수 있는 시대에 원본만이 가진 '아우라'가 사라지면서 예술의 가치가 어떻게 변하는지 분석한다. 복제 기술이 사람들의 감각까지 바꾸어 놓았음을 밝혀낸 미학의 고전이다.

◎　바다는 생사가 오가는 치열한 투쟁의 공간이며 거룩한 삶의 터전이다. 어부로 산다는 건 평생 시련을 견디며 하늘의 뜻에 따라 운명을 개척한다는 뜻이기도 하다. 농부도 다를 바 없으나 어부의 일상은 변화무쌍한 기상 상태에 따라 오늘과 내일이 결정된다. 이렇게 사는 사람들은 겸손과 수용의 자세가 필요하지만 때로는 극복과 의지로 아름다운 장면을 연출한다.

낚시광이었던 어니스트 헤밍웨이는 각종 스포츠를 즐겼고 제1, 2차 세계대전과 스페인 내전을 경험한 전형적 '테토남'이었다. 건장한 체구와 마초적 성향이 작품에 일부 반영되었으며 그의 간결한 문장과 절제된 표현은 그 자체로 하드보일드 문체가 되었다. 섬세하게 심리를 묘사하고 감정의 흐름을 표현하는 것보다 객관적 사실의 나열이 오히려 사물과 사건의 진실을 드러낼 수 있음을 증명했다. 종속절을 거의 쓰지 않은 단문만으로 '콜라주'한 문장들 사이에 생략된 의미는 오롯이 독자가 상상으로 채워야 한다. 헤밍웨이는 등장인물과 사건을 맑고 투명하게 보여줌으로써 그 실체를 드러낼 뿐이다.

84일 동안 고기를 못 잡고 허탕 친 산티아고 노인은 사자 꿈을 꾼다. 풋내기 조수 마놀린은 고기잡이 도구를 정리하고 음식을 가져다주며 노인을 돌본다. 85일째, 멕시코만에 도착한 산 티아고는 마침내 엄청난 크기의 청새치를 잡는다. 작은 고기잡 이배에서 혼자 감당할 수 없는 상대였으나 며칠 동안 사투를 벌 여 청새치를 배에 묶어 돌아가려 한다. 그러나 피 냄새를 맡은 상어 떼가 몰려들고 작살로 죽이고 쫓아도 계속되는 공격으로 결국 앙상한 뼈만 남은 청새치와 함께 돌아온다. 이렇게 단순하 고 김빠지는 이야기가 여전히 사람들에게 커다란 울림을 주는 이유는 자기 일과 직업 너머에 존재하는 존엄한 삶의 태도 때문 일 것이다.

우리는 패배하도록 만들어지지 않았어

때때로 삶은 그 자체로 예술이 된다. 현실이 소설보다 아 름다울 때도 있고 잔혹함과 감동을 동시에 품기도 한다. 산티 아고 노인은 위대한 영웅도, 특별한 능력을 갖춘 주인공도 아 니다. 우리 주변에서 흔히 볼 수 있는 직업인, 하루하루를 충실 히 살아가는 생활인이다. 이렇게 평범함에서 특별함을 찾아내 는 게 작가의 능력일 것이다. 삶의 애환을 담은 생활 밀착형 이 야기가 이토록 오랫동안 사람들의 마음을 사로잡은 이유는 바 다와 사투를 벌이며 끝끝내 청새치를 잡았지만 앙상한 뼈만 싣 고 돌아오는 노인의 모습이 바로 우리의 삶을 압축적으로 보여 주기 때문일 듯하다. 멀리서 바라보면 눈부시게 아름다운 풍경이지만 노인에게는 치열한 투쟁의 공간이기도 한 바다, 그곳에서 낮과 밤을 보내며 노인은 도대체 산다는 게 무엇인지에 대한 답을 찾았을까?

특별하지 않은 인생, 어찌 보면 부유하거나 권력을 가진 자들의 하루도 마찬가지다. 한 사람의 인생이 감동을 주고 세상의 변화를 이끄는 건 직업이나 일의 난이도가 아니라 자기 삶을 대하는 태도에서 나온다. 로자 아줌마를 끝까지 책임지는 모모, 페스트에 걸린 오랑을 지킨 기자 랑베르, 장발장에게 구원받고 자살한 자베르에 이르기까지 소설의 인물들이 바로 그런 사람들이다. 삶이 주는 좌절과 고통에 어떻게 반응하느냐에 따라 우리는 전혀 다른 존재가 된다. 늙고 병들어 지친 몸을 이끌고 무모하게 고기를 잡으러 떠나는 어부, 그 대책 없는 희망이 우리를 버티게 하는 힘이 된다. 산티아고 노인이 바로 '나' 자신일 수도 있다는 생각에 이 소설이 특별하게 읽힌다.

> 배는 이제 가볍게 나아갔고 노인은 아무런 생각, 또 그 어떤 느낌도 없었다. 그는 이제 모든 것을 초월해 있었고 그저 집이 있는 항구로 돌아갈 수 있도록 가능한 한 요령 있게 배를 잘 몰 뿐이었다.
>
> —『노인과 바다』 중에서

철학이나 종교를 통해서만 '도'를 얻고 '열반'에 도달하고 '구원'을 얻는 게 아니다. 삶이란 무엇인지 고민하고 자연의 이치를 깨닫고 인간과 세계의 작동 원리를 이해하려면 긴 시간이 필요하다. 오랫동안 관찰하고 궁구하는 과정에서 누구나 자기만의 철학이 생기고 어떤 삶의 경지에 도달할 수 있지 않을까 한다. 그것은 예술가의 전유물도 아니고 지식의 통합적 결과물은 더더욱 아니다. 그토록 열망하던 청새치를 잡았으나 살이 다 뜯겨 뼈만 남으니 배는 가볍게 나아갈 수 있었을 것이다. 허탈하게 집으로 돌아가는 길, 지치고 힘든 육신을 이끌고 마지막까지 열정을 쏟은 산티아고 노인에게서 오히려 '초월'적 느낌을 받는다. 불가능해 보이는 상황을 극복한 노인의 성취와 그 후에 느낀 홀가분함은 만선보다 더 값진 꿈의 실현으로 읽힌다. 이제 산티아고는 우리에게 더 이상 패배자나 늙은 어부가 아니라 자기 삶에 충만한 성스러운 인간으로 보인다.

"하지만 인간은 패배하도록 만들어지지 않았어."라는 문장, "사람은 파멸할 수는 있을지언정 패배하진 않아."라는 한 마디가 노인이 가진 삶의 태도다. 그렇다고 불굴의 의지와 노력만이 삶을 값지게 한다는 뻔한 자기 계발식 교훈으로 산티아고 노인을 오해하는 사람은 없으리라. 자기 삶에서 추구하는 무엇, 궁극의 아름다움은 평범한 직장인이든 세계적인 스포츠 스타든 역사적인 예술가든 크게 달라 보이지 않는다. 가장 개인적이고 내밀한 삶의 지향점, 그 목표와 가치에 닿는 순간의 환희와 떨림을 무엇과 비교할 수 있을까? 자기 삶이 예술이 되는 순간, 우리 인생 또한 아름답고 유일무이한 예술이 된다.

예술가의 아우라보다 주체적 참여로 만들어가는 예술

헤밍웨이는 자연이 부활과 휴식의 장소라고 믿었다. 거친 야생의 삶은 인간의 욕망과 본능을 날것 그대로 드러낸다. 바다로 상징되는 자연의 경이로움, 그에 맞서 생존을 위해 몸부림치는 인간의 존귀함, 위기 극복의 의지와 해방감 등 소년 마놀린과 대비되는 산티아고 노인이 보여주는 완숙의 경지는 독자를 경건하게 한다. 상처 입은 채 육체적 고통을 견디는 상황에서 노인은 청새치에 대한 연민, 수많은 '죄'에 대한 명상, 바다에 관한 기억으로 상념에 잠긴다. 혼자 견디는 외로움이 삶의 본질이라고 웅변하듯 헤밍웨이는 산티아고 노인을 통해 불운과 역경을 대하는 태도가 각자의 인생을 결정한다고 조언한다.

20세기 미국 문학을 이끌었던 헤밍웨이는 전쟁이 끝난 후 쿠바에 살며 낚시하던 시절의 경험을 산티아고 노인에게 이입했을 것이다. 혼란스러운 시기가 지나 안정될 무렵인 1950년대에 제롬 데이비드 샐린저의 『호밀밭의 파수꾼』, 앞서 살펴본 데이비드 리스먼의 『고독한 군중』 등이 출판됐다. 문학이든 사회든 개인의 내면에 관심을 기울이기 시작했다는 의미다. 자신의 욕망을 점검하며 소소한 일상에서 삶의 의미를 찾게 된 것이다.

현실에서 일하지 않는 사람은 거의 없다. 누군가는 그림을 그리고 노래를 하며 누군가는 평생 축구를 하고 연기를 한다. 또 누군가는 책을 읽고 물건을 만들며 기계를 고친다. 건물을 짓고 밥을 하며 청소하고 운전을 한다. 자기 몫의 삶을 사는 모든 이에게 자기 생의 주인공은 당연히 자기 자신이다. 우주의 중심에 선 '나'의 모든 순간이, 한평생이 빛나고 아름다울 수 있는 이유는 목숨을 걸고 청새치와 싸운 산티아고 노인 같은 마음 때문일 것이다. 돈으로 환산할 수 없고 말로 설명할 수 없는 그 무엇, 잃었으나 졌다고 할 수 없는 '꺾이지 않는 마음', 아직 나에게는 남아 있는 내일이 있다는 작은 희망 같은 것들이 사람들의 인생을 예술적으로 채색한다.

아주 오랫동안 왕과 귀족, 전쟁과 신화의 세계가 예술의 대상이었다. 그림을 그리고 음악을 만들던 사람도 시대 배경과 사회 환경에서 벗어나지 못했다. 그러나 어느 순간부터 평범한 사람에게도 관심을 기울여 고급 창녀, 이삭 줍는 농부, 춤추는 무희, 피리 부는 소년이 그림의 주인공으로 등장했다. 대상뿐 아니라 방법에도 점차 변화가 생겼다. 있는 그대로를 그리던 화가들은 순간의 인상과 느낌을 화폭에 담기 시작했다. 왜냐하면 '사진'이 등장했기 때문이다. 그럼에도 앞서 4장에서 언급했던 베르토 베르나르디, 라파엘라 스펜스의 극사실주의 그림들을 다시 떠올려 보자. 여전히 대상 그 자체를 전달하기 위해 사력을 다하는 예술가들이 있다.

그렇다면 우리는 카메라처럼 정교하게 대상을 전달하려는 사람들의 목적이나 가치를 따지는 대신 그 내용과 의미에 주목해야 하지 않을까? 인간의 의식과 표현 그 자체를 예술로 인정해야 한다. 현대인은 일상에서 독창적 예술 작품처럼 아름다움을 추구하게 되었으며 실제 예술의 창작과 향유 과정에도 적극적으로 참여한다. 아우라가 사라진 자리에 기술로 복제가 가능한 일상적인 대중 예술이 자리 잡은 것이다.

발터 벤야민은 『기술 복제 시대의 예술작품』에서 이 문제에 집중했다. 유대계 독일인 발터 벤야민은 전쟁과 혼돈으로 불안한 시대를 관통하며 유럽 사회와 문화를 날카롭게 비평했다. 그는 나치를 피해 미국으로 망명하려고 프랑스에서 탈출하다 스페인 국경 통과에 실패하자 스스로 생을 마감했던 비운의 철학자다. 사진과 영화가 예술에 어떤 영향을 주었는지 밝히는 벤야민의 이 책은 현대예술에 관심을 두기 시작하던 나에게 신선한 충격을 주었다.

영화는 가장 대중적인 예술로 자리 잡은 지 오래고, 누구나 손안에 카메라를 장착하고 있는 시대가 되었다. 전 세계 수백 개 영화관에서 동시 개봉하는 영화, 계속해서 같은 장면을 인쇄할 수 있는 사진은 예술 작품의 가장 큰 특징인 '유일성'과 그에 기반한 '아우라'를 찾을 수 없다. 예술의 역할과 기능의 문제가 아니라 예술가의 독창성과 상상력에 관한 이야기인 것이다.

휴대폰으로 찍은 영상이 세계적인 거장의 영화와 구별되는 지점은 어디쯤일까? 또한 전문 사진가와 일반인이 찍은 사진 사이에서 차이를 읽어낼 수 없을 때가 많다. 발터 벤야민이 예술의 대중화를 외칠 목적으로 쓴 글은 아니지만 100년이 훌쩍 지난 글을 다시 읽으며 기술 복제 시대의 예술 작품에 대해 생각해 본다. 왕과 귀족을 위한 예술이나 후견인과 성직자 등 특수한 계층만 예술을 즐기던 시대를 넘어 모두의 생활 속에 예술적 감각이 살아 숨 쉬는 세상이 도래했기 때문이다. 사진과 영화의 복제 가능성과 대중성이 저변을 확대하고 심미안을 길러주는 데 일조했다면 그 출발에 관한 이야기를 조금 더 들어볼 필요가 있다. 소수에게 집중된 예술 창작과 감상이 다수 대중에게 확대된 이유가 사회변동에 따른 자연스러운 변화로 보이지만 '예술 작품의 기술적 복제 가능성'이라는 문명발달의 결과로 보는 게 더 타당할지도 모르겠다.

> 예술 작품의 기술적 복제 가능성은 예술을 대하는 대중의 태도를 변화시켰다. 이를테면 피카소와 같은 회화에 대해서 가졌던 가장 낙후된 태도가 채플린과 같은 영화에 대해 갖는 가장 진보적 태도로 바뀐 것이다. 여기서 진보적 태도의 특징이 있다면 그것은 바라보고 체험하는 데에 대한 즐거움이 전문적인 비평가의 태도와 직접적이고 긴밀하게 연결되고 있다는 점이다.
>
> —『기술 복제 시대의 예술작품』 중에서

카메라에 비치는 자연은 눈에 비치는 자연과 다르다. 피카소의 그림과 채플린의 영화를 보는 관점과 태도에도 차이가 있다. 사람들은 그림과 달리 영화를 더 이상 개인의 고유한 창작물로 생각하지 않고 집단적 구성물로 여긴다. 여전히 전통적인 방식을 고수하는 예술가들이 없지 않으나 작품을 수용하고 감상하는 현대인은 과거와 같은 방식으로 예술 작품에서 숭고한 제의적 가치를 찾으려 하지 않는다. 베일에 가려진 채 밀실에서 허용되는 예술 활동과 그 결과물이 갖는 아우라보다는 주체적 참여와 경험을 중시한다. 이제 대중에게 예술 작품은 정신 집중이 필요한 경배의 대상이 아니라 여가를 위한 놀이, 경험을 통한 오락의 대상이라는 발터 벤야민의 분석이 주목할 만하다.

우리는 모두 삶을 빚어내는 조각가

기술 복제 시대를 넘어 4차 산업혁명 시대의 예술은 어떤 모습일까? 과거의 예술 작품이 누린 영광을 부정할 수는 없다. 그러나 변화 발전하는 현대 사회에서 예술을 대하는 사람들의 관점과 태도는 고정되어 있지 않다. 스스로 창의적이고 상상하는 즐거움을 누리며 사는 사람들이 1인 미디어를 통해 혹은 SNS를 무대로 펼치는 독특한 사진과 영상이 인식적, 윤리적, 심미적 가치를 전한다면 그 자체로 예술이 아닐까? 예술의 대중화가 갖는 명암은 시대의 변화와 아울러 논쟁이 끊이지 않겠으나 우리의 삶이, 평범한 일상이 예술이 되는 미래가 이미 시작되었다.

가라타니 고진은 2003년 10월 긴키대학에서 「근대문학의 종언」을 발표했다. 21세기 들어 문학의 위기가 아니라 종언을 주장한 건 기술 복제 시대에 들어선 20세기에 아우라가 사라지고 있다는 발터 벤야민의 이야기와 비슷한 맥락이다. 이처럼 예술 작품에 대한 논쟁은 시대의 변화, 대중의 반응에 따라 계속해서 달라질 것이다.

어느 분야의 예술이든 시대 변화와 기술 발전에 따라 반응을 달리한다. 대중의 환호와 찬사로 부흥하기도 하고 외면과 무관심으로 소멸하기도 한다. 세월을 견디며 오래 사랑받는 예술 작품은 그 형식과 내용에 맞게 시대를 반영하고 공감을 얻는다. 오늘을 사는 우리에게 예술은 무엇인가? 생활인으로서 자기 직업과 일을 통해 얻는 기쁨과 슬픔만큼 예술로부터 위로를 받고 감동을 얻는 시간도 중요하다. 일하는 우리는 모두 창조적으로 자기 삶을 빚어내는 조각가와 다름없다.

청새치와 사투를 벌이며 산티아고 노인이 바라본 밤하늘의 별빛과 검고 푸른 파도가 그 자체로 예술이다. 삶과 죽음의 경계를 넘나들며 자기 의지를 시험하고 싸운 경험이 곧 숭고한 아름다움이다. 자기 삶이 예술이 되고 예술 같은 일상을 즐기는 일은 인생에서 꼭 필요하다. 미술관에서 그림을 감상하고 클래식 공연에 가는 여유도 중요하지만 찬란하게 빛나는 장면을 사진에 담고 영화처럼 감동적인 순간을 영상에 담는 일상이 우리 삶을 예술처럼 아름답게 만들어 주는 좋은 방법이다.

7장

건강한 지구가
나를 살린다

내 삶의 우연과 필연

『방드르디, 태평양의 끝』

Vendredi ou les Limbes du Pacifique (1967)

미셸 투르니에
(Michel Tournier, 1924-2016)

프랑스의 작가 미셸 투르니에가 1967년에 발표한 데뷔작으로 영국 작가 대니얼 디포의 『로빈슨 크루소』를 현대적 시각으로 재해석한 철학 소설이다. 무인도에 갇힌 로빈슨 크루소가 서양 문명을 고집하며 섬을 지배하려던 오만함을 버리고 원주민 방드르디의 자유로운 삶에 점차 동화되어 가는 과정을 그린다. 미개하다고 여겼던 방드르디에게서 오히려 삶의 진정한 기쁨과 야생의 생명력을 배우는 서사가 흥미롭다. 서구 문명만이 정답이라는 편견을 유쾌하게 깨뜨리며 인간과 자연, 문명과 야생의 관계를 새롭게 정의한 현대 고전이다.

『우연과 필연』

Le hasard et la necessite (1970)

자크 모노
(Jacques Monod, 1910-1976)

노벨 생리의학상을 받은 프랑스의 생물학자 자크 모노는 생명의 기원과 진화의 비밀을 분자 수준에서 밝혀낸 과학자이다. 이 책은 생명의 진화에 거창한 목적이나 신의 설계는 없으며 '우연'한 돌연변이와 환경에 적응하는 '필연'적 과정이 겹친 결과라고 주장한다. 광활한 우주 속에 인간은 외로운 존재임을 생물학적으로 증명하며 기존의 종교적·철학적 세계관에 충격을 줬다. 정해진 운명이나 목적이 없는 세상이기에 인간은 오히려 스스로 가치와 의미를 선택하고 만들어가야 하는 자유로운 존재임을 일깨워 준다.

◎　인간은 삶에서 의미를 찾을 수 있을까? 이 철학적 명제는 오랫동안 숱한 논쟁을 촉발했다. 인문학 분야의 구루들은 인간이 추구해야 할 가치 혹은 생의 목표를 제시하며 의미를 부여하지만, 과학자들은 인간의 진화 과정이 생존과 번식을 위한 투쟁이라며 의미 찾기에 관심이 없어 보인다. 서 있는 자리, 학문적 관점, 개인의 태도에 따라 '인생'은 전혀 다르게 해석된다. 탄생과 성장 그리고 소멸 과정을 거치는 자연의 일부로서 인간 삶은 우연일까, 필연일까?

오지 탐험이나 캠핑 같은 활동을 즐기는 걸 보면 인류는 기본적으로 원시적 자연에 대한 동경과 그리움을 간직한 채 살아가는 듯하다. 자연의 일부로서 동물적 본능을 확인하는 경험은 생의 감각을 일깨운다. 1719년에 영국의 다니엘 디포는 무인도에서 28년간 혼자 살다 구출된 뱃사람의 기이한 모험담 『로빈슨 크루소』를 발표했다. 이 작품은 이후 수많은 '무인도 생존기'에 영감을 제공하여 쥘 베른의 『15소년 표류기』에서 한국 영화 〈김씨 표류기〉까지 다양한 변형과 생성의 모티프가 되었다. 하지만 프랑스 작가 미셸 투르니에의 『방드르디, 태평양의 끝』은 로빈슨 크루소 이야기에 대한 오마주나 패러디가 아닌 전복적 재해석이라는 점에서 주목할 만하다.

방드르디Vendredi는 프랑스어로 금요일이라는 뜻이다. 다니엘 디포의 『로빈슨 크루소』에서 식인종에게 잡아먹힐 뻔한 원주민 프라이데이Friday의 프랑스식 이름이다. 제목에서 눈치챌 수 있듯 로빈슨 크루소가 아니라 방드르디 중심의 이야기가 펼쳐진다. 철학 교수를 꿈꾸던 미셸 투르니에의 첫 소설은 문화인류학자 클로드 레비스트로스의 영향이 크다. 레비스트로스는 『슬픈 열대』에서 "세계는 인간 없이 시작되었고, 또 인간 없이 끝날 것이다."라며 문명과 야만에 대한 편견과 구조를 뒤집었다. 인간 삶에서 자연은 오랫동안 극복의 대상이었고, 생존과 안전을 위해 문명발달을 거듭해 온 인류는 자연과 점점 멀어졌다. 이런 관점에서 바라보면 로빈슨 크루소는 문명인이며 프라이데이는 야만인 혹은 미개인이다.

그러나 미셸 투르니에는 문명과 자연이 주인과 노예처럼 우열 관계냐고 묻는다. 레비스트로스는 "인간을 노예로 만들었던 것은 바로 인간 자신이었다."라고 지적했다. 무인도에서도 '인간다움'을 지키기 위해 로빈슨은 시간에 맞춰 일을 하고 농사를 지으며 가축을 기른다. 종교적 상념에 잠겨 무인도를 지배하며 자기 삶을 가꾸는 모습은 18세기 계몽주의와 제국주의에 물든 전형적 문명인이다. 그에 비해 방드르디는 자연에 동화된 삶, 자유롭지만 불편함이 없는 여유를 즐긴다. 영어를 배우고 성경을 읽는다고 행복하고 인간다운 삶이 가능할까? 방드르디가 문명인이 되는 게 아니라 오히려 로빈슨 크루소가 천진난만

한 아이 같은 상태로 회귀하는 게 어떠냐는 질문 앞에서 독자들은 세상의 원리를 돌아보게 된다. 우리는, 아니 '나'는 어디에서 와서 어디로 돌아가는가, 내 삶의 지배 원리는 무엇이며 그 기준과 경계는 누가 설정하는가?

로빈슨 크루소와 방드르디의 관계를 재해석하라

문명과 반문명은 제국과 식민, 유럽과 비유럽 등 서구 문명의 합리주의, 기독교 정신의 우월성에 기초한 판단일 수 있다. 오리엔탈리즘으로 무장한 서구의 패권주의는 동양과 남아메리카와 아프리카에 대한 차별을 합리화했다. 그렇다면 방드르디는 반문명, 식민지, 비유럽, 비기독교 세계에 대한 상징으로 거대한 인식적 차별에 반기를 든 존재다. 무인도의 지배자로 자기만의 질서를 만든 로빈슨의 세계가 방드르디의 실수로 화약이 폭발하자 허무하게 사라진다. 백인 로빈슨이 흑인 방드르디를 구해주며 주종 관계를 맺었으나 이제 둘 사이에는 남은 게 없다. 각자 다른 세계에서 살던 두 사람이 드디어 평등해진다.

무인도에 도착하자 로빈슨은 '희망'이라는 뜻으로 섬을 '스페란차'라고 불렀다. 시간의 질서에 순응하며 농사를 짓고 가축을 기르며 섬을 식민지로 만든 로빈슨은 방드르디를 당연히 노예로 여긴다. 그러나 이 질서에 균열이 발생하자 관계가 역전된다. 섬에서 로빈슨과 방드르디는 주종, 경쟁, 우열 관계가 아니라 따로 또 같이 공존하며 새로운 관계를 맺는다. 말하자면 제3의 문명을 창조한 것이다. 로빈슨이 가진 문명인의 윤리와 지배 욕망이 사라지자, 방드르디가 로빈슨에게 자유로운 삶을 되찾아 준다. "절벽을 굽어보는 바위에 몸을 의지한 채 서로 몸을 부둥켜안은 로빈슨과 방드르디는 곧 있는 그대로의 원소들이 서로 혼연일체가 된 그 신비의 위대함 속에 빠진 채 무아지경이 되었다."라는 장면이 인상적이다. 문명과 야만의 경계가 무너지고 두 사람이 합일되는 감동적인 순간이다.

> 그는 고독으로 인하여 비록 가장 보잘것없는 동물이라 할지라도 자신에 대해 적의를 품은 감정의 표현과 마주치면 무방비 상태가 되어 상처를 입었다. 손일을 하지 않으면 점차로 손에 박혀 있던 못이 풀리듯이 인간 간의 관계에 있어서 스스로 보호하기 위하여 사용하는 무관심과 무지의 갑옷이 그에게서 벗겨져 버린 것이었다.
>
> ─『방드르디, 태평양의 끝』 중에서

문명인과 자연인, 즉 로빈슨과 방드르디는 서로에 대한 무관심과 무지에서 벗어나자 새로운 관계를 맺는다. 미셸 투르니에는 이 둘 사이의 관계 역전에 새로움을 더한다. 마지막에 영국으로 돌아가지 않고 섬에 남는 로빈슨과 떠나는 방드르디의 선택이 이 소설의 반전이다. 그리고 스페란차에 새로 도착한 소년을 목요일, 즉 '죄디Jeudi'라고 이름 짓는 로빈슨의 모습이 긴 여운을 남긴다. 미셸 투르니에가 무인도에 영국의 식민지를 건설한 로빈슨과 이를 대수롭지 않게 여기다가 한 방에 무너뜨리는 방드르디, 거기에 새롭게 등장하는 죄디까지 등장시킨 이유는 무엇일까?

인간이 이룩한 문명과 관습, 전통과 문화는 쉽게 사라지지 않는다. 그것이 오랫동안 인간의 의식을 지배하며 삶의 목적과 가치를 결정한다는 사실을 우리는 잘 알고 있다. 그렇다고 해서 진정한 자유와 자연스러운 삶이 방드르디처럼 문명에 반항하며 문명의 이기들을 거부할 수 있는 용기에서 시작된다고 단순화하기도 어렵다.

다만 미셸 투르니에는 다니엘 디포처럼 로빈슨 크루소의 시점으로 회고하는 대신 삼인칭 시점으로 로빈슨과 방드르디와 섬의 관계를 살피며 우리에게 익숙한 세상의 조건을 돌아보라고 요구한다. 소설은 그 자체로 읽는 재미를 선물하지만 때로 인간과 세계를 성찰하는 역할과 기능에 충실하다. 우리가 사는 세계와 현실에 대한 사유가 포함되지 않은 문학은 오래도록 많은 사람에게 읽히기 힘들다. 그런 면에서 로빈슨 크루소와 방드르디의 관계 역전은 낯선 발견이다. 우리에게 익숙한 고전을 재해석하며 새로운 시선으로 바라보는 일은 고전을 읽는 또 하나의 즐거움이다.

우연과 필연의 끊임없는 상호작용

첨단 과학기술을 이용해서 좀 더 빠르고 정확하게 새로운 지식과 정보를 얻을 수 있는 현대 문명은 축복과 다름없다. 문명발달은 인류의 삶을 획기적으로 변화시켰으나 국가와 지역의 격차를 만드는 한계도 드러냈다. 우리는 문화 다양성을 존중하면서도 우열을 가늠하는 마음을 지우기 어렵다. 그것이 인종, 문화, 종교, 지역에 대한 차별이라면 문제가 조금 심각해진다. 그렇다면 모든 인간의 생명은 필연일까? 프랑스의 분자생물학자 자크 모노의 『우연과 필연』은 거대한 문명 발달사에서 '총, 균, 쇠'의 역할이 결정적이었다는 재레드 다이아몬드의 지적만큼 놀라운 혜안을 제공한다. 과학기술의 발달이 인간의 문제를 모두 해결해 준다는 의미는 아니지만 인간과 사회에 관한 깊은 고민이 과학 이론으로 해결될 때가 있다. 인문학적 접근과 사회과학의 한계를 뛰어넘는 과학적 통찰에 귀 기울여보자.

에르빈 슈뢰딩거는 『생명이란 무엇인가』에서 물리학과 화학을 동원하여 생명을 '살아있는 유기체의 공간적 경계 안에서 일어나는 시간과 공간 속의 사건'이라고 설명했다. 이와 달리 자크 모노는 인간의 정체성과 존재 의미를 색다른 방법으로 규명하려 노력했다.

"좋은 것도 나쁜 것도 존재하지 않는다. 다만 생각이 좋은 것과 나쁜 것을 만들 뿐이다." 자연적인 사건은 그 자체로 좋지도 나쁘지도 않으며 아름답지도 추하지도 않다. 가치는 찾아볼 수 없으며 특히 의미와 목적을 찾아볼 수 없다. 자연은 목적에 따라 행동하지 않는다.

— 『생명이란 무엇인가』 중에서

인간이 만든 선과 악, 목적과 의미에 관해 자연은 전혀 다른 목소리를 낸다. 생명에 대한 호기심은 인간 존재에 대한 근원적 질문이다. 물리학자인 슈뢰딩거는 질서를 유지하는 '구조'에 집중했으나 유기체 안에 소수의 원자가 산출하는 고도의 질서를 설명하지 못한다. 무질서에서 질서를 찾아가는 과정, 자연 선택에 돌연변이가 나타나는 이유를 규명하지 못한 채 생명이란 무엇인지, 정신과 물질은 도대체 어떤 관계인지 의문을 남겼다. 이에 대해 자크 모노는 유기체가 환경에 반응하는 '기능'에 집중하며 분자 수준의 '우연과 필연'을 탐구했다.

나는 여전히 엔트로피 법칙이든 눈먼 시계공이든 어떤 이론과 개념이 '생명의 신비'를 명확하게 규명하는 건 불가능하다고 생각한다. 인간에 대한 철학적 규정만큼 과학적 해석도 부분과 전체를 살펴 본질을 이해할 수는 없기 때문이다. 다만 물리학과 생물학의 관점은 인간 존재에 대한 오해에서 벗어날 수 있게 객관적인 안목을 제시한다는 점에서 지나칠 수 없다.

이러한 논쟁들은 알 수 없는 세계에 대한 현생 인류의 변명이 아니라 지금까지 누적된 탐구 결과일 뿐이다. 또한 인간의 삶에 의미가 있는지 없는지에 관한 논쟁보다 자연과 우주의 원리, 그 경이로운 세계에 대한 아주 작은 이해의 출발이라는 점에서 충분한 가치가 있다. 우선 자크 모노는 생명의 출현이 분자 차원의 미시 세계에서 우연히 일어난 '요란(변이)'의 결과일 뿐이라고 선언한다. 우연한 미시 세계의 변화가 거시 세계를 바꿔놓는 필연적 결과를 낳는다. 결국 생명은 우연과 필연의 끊임없는 상호작용이라는 것이다.

이렇게 간단하게 정리할 수 있는 문제라면 깊이 생각할 필요가 없겠으나 '객관적 공리'의 세계인 과학으로 규명할 수 없는 영역이 본명 존재한다. 그래서 대개 과학자들이 말년에 철학자가 되는 것일까? 알 수 없는 세계의 벽에 부딪힌 사람들은 이것을 신의 영역이라 하고, 또 누군가는 아직 밝혀내지 못한 과학의 미래라고 말한다. 토머스 쿤의 『과학혁명의 구조』, 스티븐 호킹의 『위대한 설계』처럼 과학적 진리 너머의 세계를 고민하는 건 자연스러운 결과다.

평생 실험과 연구로 커다란 발자국을 남긴 과학자들의 생명과 우주에 관한 이야기는 깊은 감동을 준다. 자크 모노의 생명과 유기체에 관한 성찰도 다르지 않다. 분자생물학에서 철학, 종교, 정치, 윤리, 문화 등 다양한 분야로 확장된 사고는 인간 존재의 근원을 밝히려는 욕망, 세계의 작동 원리를 이해하려는 노력의 결과로 읽힌다.

우연은 필연으로 나아간다

과학의 발달은 점점 더 작은 세계로 우리를 안내했다. 그러나 더 이상 쪼갤 수 없는, 눈에 보이지 않는 분자와 원자의 세계를 이해하면 세상 만물의 근원을 밝힐 수 있으리라는 믿음은 헛되다. 특히 생명의 기원과 진화는 '인간이란 무엇인가'에 대한 철학적 질문에 대한 답을 찾는 과정이기도 했다. 물리학의 '불확정성 원리'는 생명의 기원에도 적용된다. 인류는 오랫동안 초월적 존재가 어떤 목적과 계획을 갖고 생명을 창조했다고 믿었으나 자크 모노는 분자 수준의 미시 세계에서 벌어지는 수많은 '우연', 즉 변이가 본질이라고 주장했다.

미시적 차원에서는 더욱더 근본적인 불확정성의 원천이 존재하는데 이는 물질 자체의 양자적 구조 속에 뿌리박고 있다. 그런데 돌연변이는 그 자체로 미시적이고 양자적인 사건이므로 '불확정성의 원리'의 적용을 받는다. 따라서 돌연변이라는 사건은 그 본성상 본질적으로 예측 불가능하다.

— 『우연과 필연』 중에서

이제 거시 세계의 생명체인 인간을 떠올려 보자. 모든 생명은 자기를 보존하려는 의지인 항상성을 갖는다. 한발 더 나아가 증식에 대한 욕망이 보태진다. 어떤 생명체든 변화를 추구하지 않으며 오히려 자기 구조를 복제하려는 불변적 성격을 지닌다. 변화에 저항하며 자기 복제를 통해 개체를 증가시키려는 속성이 생명체의 본성이다. 말하자면 진화는 생명체의 본질적 속성이 아니라 전적으로 우연히 벌어지는 사건에 불과하다. 이 우연한 사건은 DNA에 새겨져 개체 발생을 반복하며 확실한 필연성의 세계를 만든다. 미시에서 거시로, 우연에서 필연으로 나아가는 이 논리 전개는 무의미에서 의미로 나아간다는 사유 방식과 유사하다. 개인(미시)의 삶은 우연과 선택의 결과지만, 다수의 반복적 행위가 필연적으로 한 사회(거시)의 구조 변화를 일으킨다는 생각에 도달하는 건 자연스러운 귀결이다.

생명체가 모든 물리 법칙들을 준수하면서도 자신의 의도를 추구하고 실현하기 위해 이 법칙들을 초월한다는 아이디어가 자크 모노가 주장하는 '우연과 필연'이다. 이것은 분자 단위의 생물학과 진화의 개념에서 벗어나 철학과 종교 등 이데올로기에 반영되는 '물활론적 세계관'에 대한 비판으로 나아간다. 신의 권위, 역사 법칙 등은 객관적 검증이 가능하지 않다. 성경의 내용이나 마르크스 사상이 그 자체로 진리를 담고 있다는 주장은 과학자인 자크 모노 입장에서 '강아지 풀 뜯어 먹는 소리'에 불과하다. 현대 생물학에서 출발한 사유가 단순히 기술적 문제를 해결하기 위해서가 아니라 인간과 세계를 이해하는 방법으로 차용될 수 있다는 점에서 우리는 여전히 과학 철학자 자크 모노의 아이디어에서 통찰을 얻을 수 있다.

추상적 개념을 따라가다 길을 잃었을 때 우리는 과학적 논리가 가리키는 곳을 바라본다. 그것은 객관적 진리가 이룩한 물질문명이 아니라 조금 더 분명하고 확실한 세계의 실체다. 서로 다른 생각과 의견이 충돌하는 건 우리가 사는 세상에서 흔한 일이다. 로빈슨과 방드르디가 추구하는 삶이 같을 수 없다. 어떤 우연과 필연이 인간 삶에 내재하는지 우리는 알지 못한다. 그것이 생명체의 분자 단위이든 개체 발생 수준이든 중요하지 않다. 개인과 삶과 사회적 관심은 언제나 객관적 진리 너머에 놓여 있기 때문이다.

인간의 삶과 사회 변화가 어떤 필연적인 계획에 따라 전개되는 건 아니다. 그것은 자크 모노가 주장하듯 생명 자체에 내재한 우연성과 필연성의 복잡한 내적 논리 때문일지도 모르지만, 겉으로 드러난 현상보다 본질적 변화와 그 원인을 파악하려는 노력이 더 중요할 것이다. 지뢰처럼 숨어있는 수많은 '우연'을 밟고, 그 우연들의 향연이 펼치는 '필연'의 세계를 받아들이거나 온몸으로 저항하는 선택이 각자의 삶을 결정한다.

인간은 자연에서 태어나 자연으로 돌아간다. 문명 세계의 로빈슨도 자연인 방드르디도 마찬가지다. 스스로 자연을 선택한 죄디 역시 다를 바 없다. 자기 운명에 순응하며 스스로 한계를 만드는 결정론적 세계관은 우연을 필연으로 착각하게 만든다. 예측 불가능한 우연과 그로 인한 변화를 필연으로 뒤바꾸는 삶을 즐기는 편이 낫지 않을까?

자연의 소박한 일부

『설국』

雪國 (1947)

가와바타 야스나리

(Kawabata Yasunari, 1899-1972)

일본인 최초로 노벨문학상을 수상한 가와바타 야스나리는 서정적인 아름다움과 쓸쓸함을 섬세하게 담아낸 작가이다. 이 소설은 눈이 펑펑 쏟아지는 온천 마을을 배경으로 현실을 벗어나 찾아온 지식인과 게이샤 사이의 허무하고도 아름다운 사랑을 그렸다. 이루어질 수 없는 안타까움과 덧없는 생의 허무함을 미학적으로 묘사한다. 첫 문장부터 마음을 사로잡으며 허무 속에 숨겨진 궁극의 아름다움을 보여주는 순수 문학의 정수이다.

『월든』

Walden (1854)

헨리 데이비드 소로

(Henry David Thoreau, 1817-1862)

미국의 철학자이자 수필가인 헨리 데이비드 소로는 자연 속에서 단순한 삶을 실천하며 환경 운동에 깊은 영감을 준 사상가이다. 이 책은 문명을 떠나 월든 호숫가에 직접 오두막을 짓고, 2년 2개월간 소박하게 살아간 기록을 담고 있다. 자연과 조화를 이루는 삶이 얼마나 평화로운지 아름다운 문장으로 그려낸다. 소로의 이러한 철학은 레프 톨스토이, 마하트마 간디, 마틴 루서 킹 등에게 영감을 주며 비폭력 불복종 운동의 정신적 토대가 되었다. 소유할수록 빈곤해지는 현대인에게 불필요한 것을 비워내고 스스로 서는 '자립'의 가치를 일깨우는 숲속의 고전이다.

◎ "가난한 내가 아름다운 나타샤를 사랑해서 오늘 밤은 푹푹 눈이 나린다"라고 고백했던 시인 백석은 어두운 밤에 하얗게 쏟아지는 눈을 바라보며 사랑하는 사람을 떠올렸나 보다.[15] 세상이 온통 흰 눈으로 덮이는 장면은 그 자체로 마음을 푸근하게 한다. 바람에 흩날리며 벚꽃이 지는 어느 봄날, 앙상한 가지 사이로 추적추적 비 내리는 가을밤도 머리가 아닌 가슴을 적신다. 인간은 이성보다 감성이 앞서는 존재라는 걸 부정할 사람은 없을 것이다. 자연 현상은 우리 삶에 매우 중요한 정서적 요인이다. 백석이 따뜻한 남쪽 나라에서 태어났다면 「나와 나타샤와 흰 당나귀」는 쓰지 못했을 것이다. 마찬가지로 가와바타 야스나리가 흰 눈으로 뒤덮인 온천에 머물지 않았다면 『설국』의 인상적인 첫 문장을 쓰지 못했을 것이다.

국경의 긴 터널을 빠져나오자, 눈의 고장이었다. 밤의 밑바닥이 하얘졌다.

—『설국』 중에서

기차가 군마현에서 니가타현으로 넘어가는 터널을 빠져나

오자 '설국'이 펼쳐진다. 어두운 밤이 하얗게 변할 만큼 눈 덮인 마을이다. 극적인 자연환경의 변화는 주인공 시마무라의 감정을 각성시킨다. 동화처럼 하얀 고장, 차가운 눈과 대비되는 뜨거운 온천의 수증기가 피어올라 시야가 흐려지는 듯하다. 이렇게 자연을 아득하고 몽환적인 분위기로 만들 수 없었다면 이 소설이 고전으로 남았을 리도 없고, 가와바타 야스나리가 일본인 최초의 노벨문학상 수상 작가가 될 수도 없었으리라.

제2차 세계 대전이 벌어지기 몇 해 전이 아니었다면 이토록 평화롭고 아름다운 소설이 가능했을지도 의문이다. 동양의 섬나라 일본이 가진 지리적 특성과 고유한 문화는 서양에도 많은 영향을 미쳤다. 서정적이고 감각적인 가와바타 야스나리의 소설은 오리엔탈리즘이라는 편견을 만드는 데 일조한 면이 없지 않았으나 한 작가의 작품 세계를 단순하게 규정할 수는 없다.『설국』은 작가와 시대의 외피를 벗어두고 온전히 인간과 자연이 합일된 듯한 세계를 즐기는 것만으로도 충분하다.

창은 시선의 드나듦만 허용한다

밤 기차를 탄 시마무라는 캄캄한 터널을 지나 낯선 눈의 고장에 도착한다. 그것은 현실 너머에 대한 상상의 실현이며 벗어날 수 없는 삶의 굴레에 대한 도전이다. 공간의 이동과 함께 차가운 눈과 바람, 뜨거운 온천 같은 감각으로 체현된다. '낯설게 하기'는 작가와 독자 사이에 긴장감을 형성하며 흥분과 기대로 다음 문장을 읽게 한다는 점에서 효과적이다. '나니아 연대기'의 옷장처럼 이쪽과 저쪽, 현실과 상상의 세계를 잇는 터널은 이제 무엇이든 상상할 수 있는 환상의 나라로 우리를 안내한다. 눈을 감았다 떠보니 〈겨울 왕국〉의 엘사가 만들어 놓은 듯한, 온통 흰 눈으로 뒤덮인 동화 같은 곳이라면 "진정한 사랑의 행동이 얼어붙은 심장을 녹이리라."라는 대사가 저절로 생각날 것이다.

시마무라와 고마코의 내면은 얼어붙은 눈의 세계를 닮았다. 열린 마음으로 상대를 기꺼이 환대할 수 없는 상태다. 대부분 관계가 그러하듯 서로의 문은 쉽게 허락하지 않고 창밖의 풍경을 살필 뿐이다. 안과 밖의 경계를 잇는 문은 집과 외부를 나눈다. 개인적 공간은 철저하게 보호받아 마땅하며 그 누구에게도 침해받지 않을 권리가 있다. 그래서 문밖을 나설 때와 문을 열고 들어올 때 몸의 긴장 상태와 마음가짐은 전혀 다르다. 그러나 창은 시선의 드나듦만 허용한다. 창문을 통해 하늘을 바라보거나 바깥 상황을 살피는 정도가 대부분이다.

설국에 거주하는 고마코와 요코는 유키오로 얽혀 있고, 그들이 바라보는 시마무라는 터널을 통해 유입된 외부인이다. 언제든 문을 열고 나갈 사람이니 창밖으로 바라보는 정도면 충분하다. 그들은 적극적으로 설국을 벗어나려 하지 않고 문을 활짝 열어젖힐 생각도 없어 보인다. 오로지 시마무라만이 적극적으로 그들을 관찰하고 묘사하며 설국에 균열을 내려 한다.

기혼의 문필가 시마무라는 유한계급이며 남편과 사별한

게이샤 고마코는 형편이 좋지 않다. 그렇다고 해서 이런 상황이 막장 스토리로 나아가거나 이루어질 수 없는 비극적 사랑으로 미화되지 않는다. 시마무라는 고마코를 관찰하며 상념에 잠긴다. 휴머니즘에 가까운 시마무라의 태도는 방문할 때마다 바뀐 상황에 따라 조금씩 달라질 뿐이다. 가와바타 야스나리는 방문객의 시선으로 설국을 묘사하고 병든 유키오를 간호하는 요코뿐만 아니라 고마코의 상황을 관찰자의 시선으로 차분하게 전한다. 문장과 문장 사이의 여백이 시야를 가린 뜨거운 온천의 수증기처럼 아련한 소설이다.

> 사방의 눈 얼어붙는 소리가 땅속 깊숙이 울릴 듯한 매서운 밤 풍경이었다. 달은 없었다. 거짓말처럼 많은 별은, 올려다보노라니 허무한 속도로 떨어져 내리고 있다고 생각될 만큼 선명하게 도드라져 있었다. 별 무리가 바로 눈앞에 가득 차면서 하늘은 마침내 저 멀리 밤의 색깔로 깊어졌다. 서로 중첩된 국경의 산들은 이제 거의 분간할 수가 없게 되고 대신 저마다의 두께를 잿빛으로 그리며 별 가득한 하늘 한 자락에 무게를 드리우고 있었다. 모든 것이 맑고 차분한 조화를 이루었다.
>
> —『설국』 중에서

분명한 사건, 치열한 갈등, 정교한 구성, 극적인 반전 등은 소설 읽는 재미를 배가시킨다. 그러나 이 소설은 문체와 분위기가 거의 전부다. 이국적 풍경과 "먼 곳에의 그리움"°이 물씬 풍기는 아름다운 이야기의 효과 또한 분명하다. 인간은 결국 자연 속에서 나고 자라 자연으로 돌아가며 그 안에서 상처를 치유하고 위로받는다. 가와바타 야스나리가 무엇을 의도했든 우리는 설국을 상상하는 즐거움을 느낄 수 있다. 누구나 인생의 정답을 찾지 못해도 언젠가 떠날 것이 분명한 여행지에서의 방황과 일탈을 꿈꾼다. 잠시 일상에서 벗어나 낯선 곳에서 보내는 흰 눈이 푹푹 나리는 겨울밤을 상상해 보자. 나타샤와 흰 당나귀는 아니어도 가슴이 훈훈해지는 누군가가 떠오르지 않는가?

시간이 흘러 먼 훗날 다시 『설국』을 찾는다면 또 다른 풍경을 상상하고 차창에 비친 요코의 다른 얼굴을 볼 수도 있다. 고마코의 열정이 느껴지지 않을 수도 있고 시마무라의 태도가 다르게 보일 수도 있다. 문득 생각날 때마다 다시 책장을 넘기며 흰 눈으로 가득한, 변함없이 고즈넉한 풍경을 상상하는 것만으로도 충분한 소설이다.

한 편의 소설이 보여주는 서정적 아름다움은 결국 있는 그대로의 자연에서 시작된다. 다듬고 고쳐 꾸미고 가꾸는 일도 중요하나 시간의 흐름과 자연스러운 변화를 받아들이는 태도가 행복과 불행을 결정하기도 한다. 다투어 꽃이 피는 봄, 시원한

○   "그것이 헛된 일임을 안다. 그러나 동경과 기대 없이 살 수 있는 사람이 있을까?"라는 문장으로 시작하는 전혜린의 수필이다. 독일어 Fernweh에 해당하는 '먼 곳에의 그리움'은 미지의 세계에 대한 동경과 떠남에 대한 간절한 욕망에 관한 이야기다.

소나기가 쏟아지는 여름, 단풍이 물들고 나뭇잎이 떨어지는 가을, 흰 눈이 내리는 겨울, 그 모든 순간을 아름답게 즐길 수 있는 여유 있는 마음이 설국보다 아름다운 내면의 풍경을 만든다.

생명의 정교한 그물망에서

인간의 생존과 미래를 위해 생태와 환경에 관심이 높다. 자연은 보호의 대상이라는 오만을 넘어 인간과 자연의 관계를 다시 돌아봐야 할 상황이다. 지구는 인간의 소유물이 아니라는 사실을 인간만 인정하지 않는 듯하다. 우리는 지속 가능한 발전과 자연과 조화로운 삶을 지향해야 한다. 과학기술의 발달로 이룩한 문명이 우선일 수 없는 위기의 시대를 살고 있다.

『침묵의 봄』의 작가 레이첼 카슨은 생태계라는 단어 대신 '생명의 정교한 그물망'[16]이라는 은유를 선호했다. 생태계는 인간을 최상위 포식자로 움직이는 인위적 먹이사슬이 아니다. 적자생존의 원리를 부정할 수 없으나 인간은 생태계 전체를 파괴할 수 있을 만큼 충분한 힘과 능력을 지닌 존재가 되었기 때문에 더욱 조심스럽게 생명의 정교한 그물망을 손질하고 보존해야 할 의무가 있다.

현대 사회에서 자연 친화적 삶을 추구하는 태도는 세련되고 의식 있는 사람들의 전유물이라는 착각이 들기도 한다. 공정 무역을 응원하고 친환경 제품을 사용하려면 중산층 이상의 생활비를 감당할 수 있어야 하기 때문이다.

그러나 반문명적 삶을 실천했던 사람이 있다. 19세기의 문제적 사상가 헨리 데이비드 소로는 1845년 7월 4일부터 미국 매사추세츠주 콩코드 근처 월든 호숫가에 오두막을 짓고 홀로 살았다. 2년 남짓 동안의 경험과 사유가 고스란히 담겨있는 『월든』은 미니멀리즘의 선구자, 생태주의자로 불리는 등 소로에 대한 다양한 평가의 출발이 되었다. 자연 속에서 인생의 진리를 파악하려는 노력은 호숫가 오막살이로 실현됐다. 여러 가지 후일담과 비판이 없지 않으나 숲속의 생활을 통해 그가 전하려 했던 생각에 여전히 많은 사람이 공감하고 있다.

영국의 음악가 마일스 킹턴은 "지식은 토마토가 과일임을 아는 것이다. 지혜는 과일샐러드에 토마토를 넣지 않는 것이다."라고 말했다. 지식은 안다. 지혜는 이해한다.[17] 그러나 지식과 지혜가 다르다는 건 실패와 좌절의 순간, 위기와 고통을 경험하며 자각한다. 프랑스 철학자 미셸 푸코는 우리가 스스로를 "앎에 민감"하게 만들어야 한다고 했다. 소로는 월든에서 자유롭게 떠돌면서 자신을 봄seeing에 민감하게 만들었다. 소로는 어디에도 매여 있지 않을 때, 자신과 빛 사이에 아무것도 없을 때 가장 잘 볼 수 있음을 깨달았다. 그리고 소로는 "아름다움은 인식되는 곳에 있다."라고 말했다. 전혀 다른 방식으로 세상을 인식하고 자기 삶을 돌아보라는 충고다.

'나'를 행복하게 하는 데 필요한 돈, 시간, 공간, 음식, 관계, 환경 등을 진지하게 고민해 본 적이 있는 사람은 소로의 주장을 이해할 수 있다. 깊이 생각해 본 적이 없어도 좋다. 의외로 인간은 단순하고 간소한 생활에서 충분한 기쁨과 행복을 얻을 수 있기 때문이다.

생태와 환경에 관심을 둔 소박한 삶

타인에게 보이는 삶이 아니라 자기 자신을 위한 삶, 세상에 인정받기 위해 애쓰기보다 자기를 인정하는 태도를 갖는 건 꽤 어려운 일이다. 통나무집을 짓고 밭을 일구며 자급자족하는 소로처럼 살 수는 없어도 '심플 라이프', '슬로우 라이프', '미니멀 라이프'는 어쩌면 가능할 수도 있다. 이런 라이프 스타일을 일시적인 유행이라 생각하지 말고 자기 삶의 태도를 점검하면 하루하루의 일상이 달라지고 인생의 목적지가 바뀔 수도 있다. 『월든』을 19세기 중반 미국 호숫가 통나무집에 사는 하버드 출신의 '괴종'이 아니라 21세기 대한민국에서 살아가는 평범한 우리의 이야기로 환원한다면 지극히 소박한 삶이라고 말할 수 있다. '무소유'를 실천한 법정 스님을 인생의 롤모델로 삼기는 어렵다. 하지만 살아있는 동안 실제 필요한 몇 가지를 제외하면 대부분 "남아도는 부는 쓸모없는 것들 밖에 살 수 없다. 영혼에 필요한 단 한 가지의 필수품을 사는 데는 돈이 필요 없다."라는 소로의 말에 동의하게 된다.

우리는 왜 가망도 없는 일에 그리도 서둘러 성공하려고 기를 쓰는가? 어떤 이가 자기 벗들과 보조를 맞추어 걷지 않는다면 그것은 아마도 그에게 들리는 북소리 장단이 그의 동료들에게 들리는 북소리와 다르기 때문이리라. 운율이 그르든 멀리서 어렴풋이 들리든 각자 자신에게 들리는 음악 소리에 맞춰 걸음을 내딛자.

—『월든』 중에서

성공을 향해 치열하게 사는 현대인을 향해 소로는 "그들은 자기 앞에 놓인 이 무거운 짐들을 앞으로 밀고 나아가면서 인간다운 삶을 살려고 애쓴다. 나는 노동의 무게에 짓눌리고 숨을 헐떡이면서 인생의 길을 가까스로 기어 내려가는 불쌍한 영혼을 수없이 만났다."라고 말했다. 스스로 인생의 무게를 만든 건 아닌지 돌아보라는 그의 충고는 자기 삶의 주인이 되어 고독을 벗 삼아 자연으로부터 모든 걸 배우라는 가르침으로 요약할 수 있다.

우리는 우리가 살고 있는 지구의 표면에 대해서만 알고 있다. 사람들 대부분은 지표면 밑으로 6피트도 파본 적 없고 그 몇 배 되는 높이의 대기 한가운데에 올라가 보지도 못했다. 우리가 아는 바는 빙산의 일각이며 우리 자신도 제대로 알지 못한다. 게다가 우리에게 주어진 시간의 거의 절반을 수면으로 소비한다. 그런데도 우리는 우리 자신이 현명하다고 자화자찬하고 지구상에 질서를 확립했다고 믿는다.

—『월든』 중에서

　　한 사람의 짧은 실험으로 치부하기에 헨리 데이비드 소로의 삶은 일관됐다. 노예 제도와 멕시코 전쟁에 반대했으며 인두세를 거부해 투옥당하기도 했고 「시민 불복종」으로 마하트마 간디, 마틴 루터 킹, 레프 톨스토이에게도 깊은 영향을 주었다. 지식을 지혜로 풀어내거나 앎을 삶으로 실천하는 일은 생각보다 쉽지 않다. 월든 호숫가의 통나무 오두막으로 상징되는 소로의 삶은 그 자체로 새로운 가능성에 대한 도전이었으며 과감하고 실천적인 노력의 연속이었기 때문에 우리에게 여전히 깊은 감동을 준다. 자연의 지혜를 깨닫고 생태와 환경에 관심을 두는 사람의 인생이 어떻게 다른지 살펴보는 일은 의미가 있다.

　　반문명 생태주의가 아닌 소박한 삶의 실험자라는 평가가 어떨지 모르겠다. 자연에 적응하며 재해를 극복하고 조금 더 안전하고 편리한 삶을 추구해 온 인류 문명을 거부할 수는 없다. 그러나 조금 다른 방식의 삶은 언제든 얼마든지 가능하다. 헬렌과 스콧 니어링이 버몬트 숲속에서 살았던 20년간의 기록인 『조화로운 삶』에서 밝혔듯 단순함, 고요한 생활, 가치 있는 일의 조화로움이 진정한 삶이라고 믿는다면 '삶을 넉넉하게 만드는 것은 소유와 축적이 아니라 희망과 노력'이라는 생각에도 깊이 공감하게 된다.

　　시마무라가 설국에서 만난 고마코는 눈을 닮아 희고 깨끗한 마음을 지니고 있다. 자연은 인간을 만들고 인간은 자연을 닮기 마련이다. 자연과 멀어질수록 인간의 삶은 피폐해진다. 시원한 여름, 따뜻한 겨울을 위해 우리는 분명한 대가를 치른다.

지구가 인간에게 내어줄 수 있는 자원은 영원하지 않다. 그러나 인간은 필요가 아닌 욕망으로 제품을 생산하고 자본을 위해 공장은 멈추지 않는다. 흰 눈과 뜨거운 온천은 자연의 선물이다. 우리 주변의 자연을 있는 그대로 바라볼 수 있는 여유를 즐길 수 있다면 굳이 생태와 환경에 대한 걱정으로 미래를 고민할 필요도 없을 것이다. 소박하고 단순하게 산다는 건 자연을 내 안에 들이는 일이다. 우리는 언젠가 모두 자연으로 돌아간다.

광막한 우주에서 아주 작은 나

『멋진 신세계』

Brave New World (1932)

올더스 헉슬리

(Aldous Huxley, 1894-1963)

올더스 헉슬리가 1932년에 발표한 이 소설은 과학 기술이 인간을 완벽하게 통제하는 미래를 그린 디스토피아 고전이다. 아기가 공장에서 맞춤형으로 생산되고 '소마'라는 알약 하나로 모든 불행을 지워버리는 통제된 미래를 그린다. 제목인 '멋진 신세계(Brave New World)'는 셰익스피어의 희곡『템페스트』에서 인용한 것으로, 겉보기엔 완벽하지만 실상은 인간성을 상실한 세상을 비꼬는 역설적인 표현이다. 고통과 갈등이 없는 평화를 누리는 대가로 예술과 철학, 자유로운 감정을 빼앗긴 사회의 공허함을 서늘하게 묘사한다.

『코스모스』

Cosmos (1980)

칼 세이건

(Carl Sagan, 1934-1996)

천문학의 대중화를 이끈 미국의 천문학자 칼 세이건은 우주의 경이로움을 시적인 언어로 전달해 전 세계에서 가장 사랑받는 과학자이다.『코스모스』는 빅뱅부터 은하의 형성, 인류의 진화에 이르기까지 우주의 거대한 역사를 눈부시게 펼쳐낸 과학 교양서의 고전이다. 어려운 전문 용어 대신 대중의 눈높이에 맞춘 다정한 문장으로 쓰인 이 책은 과학적 사실 위에 저자의 깊은 철학적 사유를 더해 천문학을 우리 삶의 영역으로 끌어들였다는 평가를 받는다.

◎ 근대 이전 인류의 직업은 매우 한정적이었으며 선택의 폭이 좁았다. 신분제 사회였으니 진로와 직업을 고민할 필요가 없었다. 자유가 적은 대신 불안이 들어설 틈이 없었으며 예측할 수 있고 안정적인 삶이 가능했다. 그러나 아무도 그 시절을 그리워하거나 다시 돌아가자고 하는 사람이 없다. 자유의 대가로 불안을 안고 살아도 내일을 꿈꿀 수 있는 오늘을 즐기며 희망을 안고 살 수 있기 때문이다. '희망의 반대말은 절망이 아니라 두려움'이라는 세네카의 말은 현대인에게도 그대로 적용된다. 알 수 없는 미래에 대한 두려움은 피치 못할 돌발 상황 앞에서 증폭된다. 영국 작가 올더스 헉슬리는 『멋진 신세계』라는 말로 미래에 대한 기대와 희망을 비틀었다. 미래는 희망인가, 절망인가? 우리는 무엇을 위해, 어디를 향해 나아가야 하는가?

문명 세계의 본질은 과학기술의 발전과 합리적 이성이다. 프랑스의 철학자 앙리 베르그송은 인간의 특성과 본질이 도구를 제작하고 사용할 줄 아는 데 있다고 주장했다. 그런 의미에서 인류를 '호모 파베르**Homo Faber**'라고 명명했다. 생존을 위한 몸부림과 안전에 대한 욕구에서 시작된 인간의 물질문명은 이제 '생명'을 복제하는 단계까지 발전했다. 진화론을 지지했던 생물학자 토머스 헨리 헉슬리의 손자 올더스 헉슬리가 『멋진 신세계』를 쓴 건 우연이 아닐지 모른다. 진화론의 대가였던 형 줄리언 헉슬리는 유네스코 초대 사무총장이었고, 그의 동생 앤드류 헉슬리도 노벨 의학상을 받았다는 집안 이야기가 이 소설을 이해하는 도움이 될지는 알 수 없으나, 작가의 생애와 사상은 언제나 작품을 이해하는 실마리를 제공하기도 한다.

불안과 두려움이 없는 멋진 신세계

1900년대 이전에 쓰인 허버트 조지 웰스의 『타임머신』, 『투명 인간』과 쥘 베른의 『해저 2만 리』, 『80일간의 세계 일주』 등 초기 SF 소설들의 과학적 상상력이 미래 과학기술을 견인했다는 평가를 받는다. 그에 비해 올더스 헉슬리의 『멋진 신세계』는 철학적 고민이 결여된 과학기술 발달의 위험성을 경고했다. 올더스 헉슬리가 상상한 미래는 유토피아인지, 디스토피아인지 관점에 따라 엇갈릴 수 있다.

소설의 배경은 포드자동차가 첫 모델 T를 선보인 1908년을 인류의 새 기원으로 삼은 포드력 632년, 즉 서기 2540년이다. 컨베이어 벨트로 상징되는 대량 생산과 대량 소비의 규격화된 미래를 풍자하기 위해 올더스 헉슬리는 주님을 부르는 '마이 로드My Lord'를 '마이 포드My Ford'로 바꿔 부른다. 멋진 신세계에는 인간 사회에 필연적으로 존재하는 불안과 고통이 없다. 태어날 때부터 신분을 정하고 그에 맞춰 할 일과 지위가 부여되니 욕망과 좌절이 없고, 상류층의 갑질과 착취도 없다. 모든 물자는 철저한 통제 속에 생산되고 배급된다. 정해진 파트너와 섹스를 즐기지만 결혼할 필요가 없다. 누구에게나 '소마'라는 일종의 마약이 배급되어 최고의 행복감과 안정감을 만끽한다. 실패와 고통이 없는 일상, 타인과 경쟁이 필요 없는 현실, 미래가 불안하지 않은 세상이라면 유토피아가 따로 없을 것이다.

"유토피아는 지금까지 인간들이 생각했던 것보다는 훨씬 더 실현 가능성이 있다."라는 러시아 철학자 니콜라이 베르자예프의 선언이 소설에서 실현된다. 그러나 백 년이 지난 오늘의 현실은 소설과 거리가 멀다. 1516년 토머스 모어가 상상했던 『유토피아』가 그리는 낙원 같은 세상은 그 가능성이 희박해 보인다. 그 이유가 인간의 본성과 욕망 때문인가, 아니면 사회적 존재로서 관계와 권력 때문인가? 우리의 미래는 현재보다 나아질 수 있을까? 아니, 나아진다는 건 어떤 상태를 말하며 지향점은 무엇을 말하는가? 이 소설을 읽는 동안 수많은 질문이 꼬리에 꼬리를 문다.

인간은 자유롭고 평등하다는 선언적 의미에는 현실의 불평등을 해결할 수 있다는 꿈과 희망이 포함되어 있다. 셰익스피어의 희곡 「템페스트」 5막 1장, 여주인공 미란다의 "오오, 멋진 신세계여!"라는 독백에서 차용한 제목은 반어적이다. 알파에서 엡실론까지 5등급으로 생산된 인간은 각각의 역할과 의무에 충실하다. 태어나는 순간 정해진 길을 따라 살면 그만이다. 근심과 걱정, 불안과 두려움이 없는 미래, 과연 멋진 신세계이다. 이 소설에서는 소마로 사람들을 관리한다. 통제된 욕망과 무지가 오히려 인간의 행복을 증폭시킨다. 쾌락과 즐거움이 가득한 일상에 불만이 있을 리 없고, 불안과 두려움이 없는 미래는 근심과 걱정으로부터 인간을 해방한다. 진정한 유토피아 아니, 디스토피아일까?

> 인간들은 행복해. 그들은 원하는 것을 얻고 있단 말일세. 얻을 수 없는 것은 원하지도 않아. 그들은 잘 살고 있어. 생활이 안정되고 질병도 없어. 죽음을 두려워하지 않고 행복하게도 걱정이니 노령이란 것을 모르고 살지. 모친이나 부친 때문에 괴로워하지도 않아. 아내라든가 자식이라든가 연인과 같은 격렬한 감정의 대상도 없어.
>
> —『멋진 신세계』 중에서

'미래'를 사는 모든 이에게 올더스 헉슬리는 아이러니하게도 '인간다움'을 요구하는 듯하다. 사회문화적 관점으로 인간의 미래를 살피던 작가의 고민은 깊었으리라. 제1차 세계대전이 끝나고 파시즘과 제국주의가 유럽을 지배하던 시절, 포디즘으로 상징되는 산업화와 기계적 물질문명의 진보가 인간을 구원하리라는 믿음이 종교를 대체하던 시기였다. 올더스 헉슬리는 장밋빛 미래가 아니라 어두운 그림자가 드리운 암담한 미래에 대한 경고가 필요하다고 생각했을지 모른다. 공부, 취업, 결

혼, 육아, 노년으로 이어지는 인생, 질병과 죽음으로부터 자유
롭다면 '행복'한 삶이라는 생각은 착각일까, 아니면 벗어날 수
없는 인간의 굴레인가? 결국 인간의 삶은 숱한 고민과 방황, 갈
등과 선택, 고통과 좌절, 삶의 모순과 부조리의 반복이다. 아이
러니하게도 올더스 헉슬리는 '멋진 신세계'는 가능하지 않다는
사실을 말하고 싶었는지 모른다.

불행해질 권리를 요구합니다

　탄생에서 죽음까지 인간의 생명과 물질문명의 관계를 쉽
게 규정할 수 없는 시대를 살고 있다. 그러나 인간의 본질과 인
생의 의미에 대해서는 아무도 알려 주지 못한다. 모두 개인의
책임이라는 말이 아니라 대체 불가능한 각자의 삶을 쉽게 예측
하거나 평가할 수 없기 때문이다. 아무리 발달한 과학기술의 혜
택을 받으며 안락한 생활을 해도 인간은 가슴 속에서 무언가
를 찾으려 한다. 사람마다 추구하는 생의 목적과 가치를 비교하
고 평가하지 않는다면 우리는 각자 고유한 빛깔과 향기로 세상
은 아름답게 빛날 것이다. 소설 속 알파 플러스 계급인 버나드
마르크스나 레니나 크라운, 런던 지부장 토마스 소장과 헬름홀
츠 왓슨이 존보다 완벽하고 우월한 존재로 보인다면 그건 아마
도 현대 사회에 순응하며 살고 있는 관점 때문일 것이다. 서유
럽 세계의 총통 무스타파 몬드는 진실을 알고 있으면서도 오히

려 그 진실을 체제 유지에 활용한다. 소설에는 각각의 위치에서 본분에 충실한 인물이 등장하지만, 꼬리가 몸통을 흔들고 체제 전체를 위험에 빠뜨리는 존이야말로 과거에 머물러 있는 야만인이 아니라 미래를 새롭게 창조하는 문명인에 가까워 보인다.

"그러니까 자네는 불행해질 권리를 요구하고 있군."

"그렇게 말씀하셔도 좋습니다." 야만인은 반항적으로 말했다.

"불행해질 권리를 요구합니다."

"그렇다면 말할 것도 없이 나이를 먹어 추해지는 권리, 매독과 암에 걸릴 권리, 먹을 것이 떨어지는 권리, 이가 들끓을 권리, 내일 무슨 일이 일어날지 몰라서 끊임없이 불안에 떨 권리, 장티푸스에 걸릴 권리, 온갖 표현할 수 없는 고민에 시달릴 권리도 요구하겠지?"

긴 침묵이 흘렀다.

"저는 그 모든 것을 요구합니다."

— 『멋진 신세계』 중에서

존과 무스타파 몬드의 의미심장한 대화는 통제된 세상에서 행복과 불행을 선택할 수 있는 자유 의지에 관한 논쟁처럼 들린다.

앞서 언급한 올더스 헉슬리의 조부 토머스 헨리 헉슬리가 '불가지론'이라는 용어를 만든 사람이다. 불가지론은 '인간은 신의 존재에 대해 알 수 없다'라는 유보적인 태도를 말하는 데 『코스모스』의 저자 칼 세이건이 불가지론자였다. 광활한 우주에서 인간이라는 존재가 하찮게 느껴지는 건 당연한 일일지도 모른다. 그렇다고 과학적 이론을 무시하고 인간과 우주의 경이로움을 신의 창조물이라고 결론 내리긴 힘들다. 과학자들은 여전히 세상의 시작과 그 이유를 설명할 수 없다. 이런 문제들에 대해 전 세계적으로 성공한 다큐멘터리 〈코스모스〉로 이름을 알린 칼 세이건은 좁디좁은 지구, 그 한정된 공간에서 일상을 살아가는 우리에게 무한한 상상력을 제공한다.

모래 알갱이 하나에 온 우주가 들어 있듯

칼 세이건의 『코스모스』는 과학 이론을 소개한 책이 아니라 미지의 세계에 관한 입문서다. 풍부한 인문학적 감수성이 더해진 문장은 인간과 세계에 대한 근원적 고민에 답을 찾기 위한 단서를 제공한다. 현실에 발을 딛고 살면서도 우주적 존재로서 '나'를 확인하며 공간적 상상력을 무한대로 확장하는 시간은 SF 소설을 읽을 때보다 훨씬 매혹적이다. 상상이 아닌 실재 세계에 관한 이야기라서 더욱 흥미진진하다.

인간이 사는 세계 너머에 대한 호기심은 미래에 대한 꿈과 희망을 닮았다. 인간은 알지 못하는 것에 대해 궁금하거나 두려워한다. 존재 여부를 떠나 '하늘'이라 통칭하던 초월적 대상은 미신, 종교, 과학 등 여전히 다양한 방식으로 우리 안에 자리 잡고 있다. 칼 세이건은 어린 시절부터 '별'에 관심을 가졌고 대중적 인기라는 행운까지 보태졌으며 천문학뿐만 아니라 우주생물학에서도 탁월한 성과를 이뤘다. 하늘에 관한 그의 열정은 결국 인간의 문제로 귀결된다. 내 존재의 근원을 고민하고 지구별에 잠시 머무는 삶을 성찰하게 한다.

혼돈chaos과 질서cosmos, 즉 카오스와 코스모스는 우리 인생처럼 그 경계가 모호하다. 평온한 일상이 질서정연하고 안정된 코스모스라면 불안하고 흔들리는 미래는 카오스 그 자체일 것이다. 헤시오도스는 『신들의 계보』에서 "카오스로부터 가이아(대지)Gaia가 태어났고… 에레보스(어둠)Erebus와 닉스(밤)Nyx가 헤메라(낮)Hemera를 낳고… 가이아와 우라노스Uranus는 12명의 티탄Titans과 크로노스Kronos를… 크로노스와 레아Rhea는 헤라Hera, 데메테르Demeter, 헤스티아Hestia, 하데스Hades, 포세이돈Poseidon, 제우스Zeus를 … 제우스는 수많은 신들의 아버지가 되었다."라고 정리했다. 그리스, 로마 신화를 빌리지 않더라도 태초에 암흑과 어둠과 혼돈에서 생명과 질서와 빛이 만들어졌으리라는 상상은 자연스러워 보인다. 내가 발 딛고 서 있는 지구와 지금-여기의 현실은 상상할 수도 없는 까마득한 시간이 누적된 결과이며 찰나의 순간이다. 결국 칼 세이건은 그 광막한 우주에서 고독한 인간의 삶을 살피려 한다.

우리도 코스모스의 일부이다. 이것은 결코 시적 수사가 아니다. 인간과 우주는 가장 근본적인 의미에서 연결돼 있다. 인류는 코스모스에서 태어났으며 인류의 장차 운명도 코스모스와 깊게 관련돼 있다. 인류 진화의 역사에 있었던 대사건들뿐 아니라 아주 사소하고 하찮은 일들까지도 따지고 보면 하나같이 우리를 둘러싼 우주의 기원에 그 뿌리가 닿아 있다. 독자들은 이 책에서 우주적 관점에서 본 인간의 본질과 만나게 될 것이다.

―『코스모스』 중에서

『코스모스』는 거대한 인문학 고전이라고 해도 손색이 없다. 우주와 천문학에 관한 이론을 설명하는 게 아니라 자연과학에 관한 누적된 지식을 통해 인간의 숭고함과 '나'의 존재 의미를 깨닫게 하기 때문이다. 이 거대한 우주에서 나의 미래를 고민하는 시간은 소중하다. 그래서 과학 분야의 고전은 대개 철학적 성찰을 포함하게 된다.

앎에 대한 갈증은 곧 삶에 대한 고민으로 이어진다. 인간과 자연, 우주와 나 사이에 얽힌 코스모스의 비밀은 내일을 향한 밑거름이다. 칼 세이건은 반복해서 '자유로운 탐구 정신'을 강조한다. 생명, 우주, 신화, 죽음, 시간에 관한 개념과 지식이 인생을 역전시켜 주진 않는다. 어찌 보면 로또 복권 1등 당첨조차 반전의 기회가 아닐 수도 있는데 칼 세이건이 들려주는 우주 이야기가 무슨 대수랴! 그러나 아주 작은 모래 알갱이 하나에 온 우주가 들어 있듯 오늘을 사는 우리에게 시간과 공간에 관한 무한한 상상력이 전혀 다른 '나'의 미래를 꿈꾸게 할 수 있다.

"코스모스는 과거에도 있었고 현재에도 있으며 미래에도

있을 그 모든 것이다."라는 첫 문장을 쓰기 전에, 칼 세이건은 '앎은 한정되어 있지만 무지에는 끝이 없다. 지성에 관해 우리는 설명이 불가능한, 끝없는 무지의 바다 한가운데 떠 있는 작은 섬에 불과하다. 세대가 바뀔 때마다 그 섬을 조금씩이라도 넓혀 나가는 것이 인간의 의무이다.'라는 토마스 헉슬리의 말을 인용한다. 불가지론자인 올더스 헉슬리 할아버지의 말을 다시 한번 되새긴 것이다. 평범한 일상을 사는 우리에게 코스모스는 그리 중요하지 않을지 모른다. 그러나 '앎은 한정되어 있지만 무지에는 끝이 없다'라는 말은 긴 여운을 남긴다. 지난 시간 인류의 고민과 앎의 역사가 고스란히 우리에게 전수되어 미래를 살아갈 힘을 주기 때문이다. 우주에 관한 관심은 내일의 꿈과 희망에 관한 최소한의 태도일지도 모른다.

◉ 우리는 머나먼 시간 여행을 통해 수많은 책과 사람을 만났다. 18세기 볼테르의 『관용론』에서 21세기 수전 손택의 『타인의 고통』까지 근대 이후 '오늘'을 만든 '어제'의 시간을 돌아보는 동안 어렴풋이 '내일'을 전망하기도 했다. 그것은 이 책을 읽는 독자마다 다른 의미로 새겨질 테고 지금까지 그랬듯이 선택과 의지에 따라 서로 다른 길을 찾아 떠날 것이다.

오늘의 문제는 어제에 묻고, 내일의 고민은 오늘에 비추어 생각해야 한다고 믿는다. 조금 게으르고 나태하면 어떤가. 느리고 뒤처지는 사람이라고 꿈이 없는 건 아니다. 서로 다른 모습으로 자기 삶을 충실하게 꾸려가다 보면 자기만의 인생을 완성

할 수 있다. '나' 자신을 위해 타인과 비교하고 경쟁하는 대신 인정하고 배려할 수 있는 용기가 필요하다. 과거에도 지금도 그리고 미래에도 '인간'은 쉽게 변하지 않는다. 흘러가는 대로 시간에 몸을 맡기는 대신 스스로 변화와 성장을 통해 오늘과 다른 내일을 꿈꾸는 시간이 행복하지 않을까? 로베르트 발저는 『산책자』에서 이렇게 고백하며 우리에게 위로를 건넨다.

> 나는 머릿속으로 항상 치열하고 끈질기게 작업하고 있으며, 심지어 아무것도 안 하고 아무 생각 없이 푸른 하늘 아래 초록 들판에서 넋을 놓은 채 게으르게 몽상에 잠겨, 나태하게 최악의 인상을 주는 밥벌레이자 무책임한 껄렁이로 보이는 바로 그 순간에도, 나는 대개 감각을 최고로 작동시키며 일하는 중이라는 사실을 당신은 아시는지요?
>
> —『산책자』[18] 중에서

아무도 몰라도 괜찮다. 자기 자신은 알고 있지 않은가? 모든 감각을 최고로 작동시켜 오늘, 자기만의 인생을 즐기고 있다면 충분해 보인다. 내일이 찾아오면 또 내일을 살아보자. 겨우 이제, 시작이다.

고전 목록

1장. 나는 나를 알고 있을까

『도리언 그레이의 초상』, 오스카 와일드, 윤희기 역, 열린책들, 2010.12.01.

『인지부조화 이론』, 레온 페스팅거, 김창대 역, 나남출판, 2016.08.25.

『다섯째 아이』, 도리스 레싱, 정덕애 역, 민음사, 1999.03.20.

『가족, 사유재산, 국가의 기원』, 프리드리히 엥겔스, 김대웅, 두레, 2012.02.29.

『데미안』, 헤르만 헤세, 전영애, 민음사, 2000.12.20.

『인간에 대한 오해』, 스티븐 제이 굴드, 김동광 역, 사회평론, 2003.07.04.

2장. 타인과 나, 어디까지 괜찮을까

『자기 앞의 생』, 에밀 아자르, 용경식 역, 문학동네, 2003.05.06.

『타인의 고통』, 수전 손택, 이재원 역, 이후, 2004.01.07.

『앵무새 죽이기』, 하퍼 리, 김욱동 역, 열린책들, 2015.06.30.

『관용론』, 볼테르, 송기형/임미경 역, 한길사, 2016.04.08.

『페스트』, 알베르 카뮈, 김화영 역, 민음사, 2011.03.25.

『고독한 군중』, 데이비드 리스먼, 류근일 역, 동서문화사, 2016.09.09.

3장. 사랑이 우리를 구원할까

『참을 수 없는 존재의 가벼움』, 밀란 쿤데라, 이재룡 역, 민음사, 2018.06.20.

『사랑의 기술』, 에리히 프롬, 황문수 역, 문예출판사, 2019.08.19.

『안나 카레니나』, 레프 니톨스토이, 이명현 역, 열린책들, 2024.04.05.

『욕망의 진화』, 데이비드 M. 버스, 전중환 역, 사이언스북스, 2007.08.15.

『콜레라 시대의 사랑』, 가브리엘 가르시아 마르케스, 송병선 역, 민음사, 2004.02.05.

『사랑은 지독한 그러나 너무나 정상적인 혼란』, 울리히 벡, 엘리자베트 벡 게른스하임, 배은
경 외 역, 새물결, 1999.07.25.

4장. 우리는 왜 소비하며 존재할까

『위대한 유산』, 찰스 디킨스, 민음사, 이인규 역, 민음사, 2009.06.30.

『자본론 Ⅰ』, 카를 마르크스, 김수행 역, 비봉출판사, 2015.11.20.

『고리오 영감』, 오노레 드 발자크, 임희근 역, 열린책들, 2009.11.30.

『유한계급론』, 소스타인 베블런, 박종현 역, 휴머니스트, 2023.12.18.

『카라마조프 씨네 형제들』, 표도르 도스토옙스키, 이대우 역, 열린책들, 2025.01.11.

『프로파간다』, 에드워드 버네이스, 강미경 역, 공존, 2009.07.20.

5장. 정치는 생각보다 내 삶과 가깝다

『1984』, 조지 오웰, 정희성 역, 민음사, 2003.06.16.

『자유론』, 존 스튜어트 밀, 박홍규, 문예출판사, 2022.09.07.

『레 미제라블』, 빅토르 위고, 정기수 역, 민음사, 2012.11.05.

『편견』, 고든 올포트, 석기용 역, 교양인, 2020.05.11.

『파리 대왕』, 윌리엄 골딩, 유종호 역, 민음사, 2002.03.25.

『소명으로서의 정치』, 막스 베버, 박상훈 역, 최장집 해제, 후마니타스, 2021.02.22.

6장. 일하는 존재로 살아간다는 것

『소송』, 프란츠 카프카, 권혁준 역, 문학동네, 2010.03.15.

『사치와 자본주의』, 베르너 좀바르트, 이상률 역, 문예출판사, 2017.01.25.

『자기만의 방』, 버지니아 울프, 이미애 역, 민음사, 2016.11.25.

『게으를 수 있는 권리』, 폴 라파르그, 조형준 역, 새물결, 2005.12.05.

『노인과 바다』, 어니스트 헤밍웨이, 이인규, 문학동네, 2012.01.20.

『기술적 복제 시대의 예술작품』, 발터 벤야민, 심철민 역, 도서출판b, 2017.04.05.

7장. 건강한 지구가 나를 살린다

『방드르디, 태평양의 끝』, 미셸 투르니에, 김화영 역, 민음사, 2003.11.20.

『우연과 필연』, 자크 모노, 조현수 역, 궁리, 2022.02.25.

『설국』, 가와바타 야스나리, 유숙자 역, 민음사, 2002.01.28.

『월든』, 헨리 데이비드 소로, 홍지수 역, 펭귄클래식코리아, 2025.05.30.

『멋진 신세계』, 올더스 헉슬리, 이덕형 역, 문예출판사, 2024.11.15.

『코스모스』, 칼 세이건, 홍승수 역, 사이언스북스, 2006.12.20

출처

1 『청춘의 문장들』 김연수, 마음산책, 2004.04.25

2 『너 이런 심리법칙 알아?』, 이동귀, 21세기북스, 2016.11.30.

3 『헤세로 가는 길』, 정여울, arte(아르테), 2020.07.15.

4 『수사학 / 시학』, 아리스토텔레스, 천병희, 도서출판 숲, 2017.02.17.

5 『시지프 신화』, 알베르 카뮈, 김화영 역, 민음사, 2016.06.17.

6 『질문하는 삶』, 류대성, 현암사, 2019.04.19.

7 「즐거운 편지」 중에서 『삼남에 내리는 눈』, 황동규, 민음사, 1975.01.01.

8 『독일 이데올로기』, 카를 마르크스, 프리드리히 엥겔스, 김대웅 역, 두레, 2015.08.15.

9 『츠바이크의 발자크 평전』, 슈테판 츠바이크, 안인희 역, 푸른숲, 1998.11.16.

10 『모든 예술은 프로파간다다』, 조지 오웰, 하윤숙 역, 이론과 실천, 2013.01.17.

11 「푸른 하늘을」 중에서. 『김수영 전집 1』, 김수영, 이영준 엮음, 민음사, 2018.02.26.

12 『플라톤』, 천병희, 도서출판 숲, 2013.02.20.

13 『일의 역사』, 제임스 수즈먼, 박한선/김병화 역, 알에이치코리아, 2022.08.30.

14 한국개발연구원 발간, 「KDI FOCUS」, 2023년 12월 19일(통권 제128호) 2023 Vol.128

15 「나와 나타샤와 흰 당나귀」 중에서. 『나와 나타샤와 흰 당나귀』, 백석, 다산책방, 2014.02.28.

16 『침묵의 봄』, 레이첼 카슨, 김은령 역, 에코리브르, 2024.04.30.

17 『소크라테스 익스프레스』, 에릭 와이너, 김하현 역, 어크로스, 2021.04.28.

18 『산책자』, 로베르트 발저, 배수아 역, 한겨레출판, 2024.07.10.

현대 고전을 권함

초판 1쇄 발행 2026년 4월 30일

지은이 류대성 | 책임편집 류정화

펴낸이 윤주용
편집 도은주, 류정화 | 마케팅 조명구 | 홍보 박미나

펴낸곳 초록비책공방
출판등록 2013년 4월 25일 제2013-000130
주소 서울시 마포구 동교로27길 53 308호
전화 0505-566-5522 | 팩스 02-6008-1777

메일 greenrainbooks@naver.com
인스타 @greenrainbooks @greenrain_1318
블로그 http://blog.naver.com/greenrainbooks

ISBN 979-11-24126-26-4 (03190)

어려운 것은 쉽게 쉬운 것은 깊게 깊은 것은 유쾌하게

초록비책공방은 여러분의 소중한 의견을 기다리고 있습니다.
원고 투고, 오탈자 제보, 제휴 제안은 greenrainbooks@naver.com으로 보내주세요.